Weeber | Schöner schimpfen auf Latein

KARL-WILHELM WEEBER

SCHÖNER SCHIMPFEN AUF LATEIN

Reclam

RECLAMS UNIVERSAL-BIBLIOTHEK Nr. 14308
2022 Philipp Reclam jun. Verlag GmbH,
Siemensstraße 32, 71254 Ditzingen
info@reclam.de
Umschlaggestaltung: Philipp Reclam jun. Verlag GmbH
Umschlagabbildung (und Vignette): Theatermaske in einem pompejanischen Wandbild (Archäologisches Nationalmuseum Neapel; akg-images / Erich Lessing)
Innenabbildungen: S. 77 (Wikimedia Commons / Carole Raddato, Frankfurt); S. 84 (Wikimedia Commons / George Houston); S. 105–117 (Corpus Inscriptionum Latinarum, Bd. IV); S. 119 (Wikimedia Commons / Fer.filol)
Druck und Bindung: Esser printSolutions GmbH,
Untere Sonnenstraße 5, 84030 Ergolding
Printed in Germany 2025
RECLAM, UNIVERSAL-BIBLIOTHEK und
RECLAMS UNIVERSAL-BIBLIOTHEK sind eingetragene Marken der Philipp Reclam jun. GmbH & Co. KG, Stuttgart
ISBN 978-3-15-014308-7
reclam.de

INHALT

Literaturhinweise stehen als Download bereit auf:
www.reclam.de/detail/978-3-15-014308-7

EINLEITUNG

»Mistvieh!«, »Stück Aas!«, »Kastriertes Schwein!« – darf man einem politischen Gegner solche Beleidigungen an den Kopf werfen? Das ist doch genau die Hass-Sprache, die als äußerst fragwürdige ›Errungenschaft‹ der sozialen Medien gilt und das gesellschaftliche Leben unserer Zeit zu vergiften droht. So neu sind Schmähkaskaden dieser Art freilich nicht. Die drei Ausdrücke stammen aus einer Rede, die Cicero im römischen Senat gehalten hat. Er war in der Praxis wie in der Theorie einer der führenden Vertreter der hochentwickelten, eleganten antiken Redekunst, aber er verstand sich auch auf Sudelrhetorik. Und er war nicht der Einzige, der in der ehrwürdigen Versammlung der ›Väter‹ so vom Leder zog. Im deutschen Bundestag hätte er dafür nicht nur einen Ordnungsruf kassiert, sondern einen Ausschluss von der Sitzung riskiert.

Andererseits: Hat es nicht auch etwas Beruhigendes, dass selbst die ›edle‹, vornehme Wissenschaftssprache Latein solche ›Abgründe‹ kennt? Überraschend ist das eigentlich nur, wenn man ein allzu hehres Image des Lateinischen verabsolutiert. Natürlich hatte auch die Sprache der Römer (wie jede andere Sprache) ein reichhaltiges Vokabular, um zu schimpfen, zu fluchen, zu verunglimpfen und obszön daherzureden – Letzteres nicht nur in den ›Niederungen‹ von Graffiti und Latrinenwänden, sondern bis in die hohe Literatur hinein. Die dem lüsternen Gartengott und -schützer Priapus geweihten Gedichte, die *Carmina Priapea*, haben es in dieser Hinsicht genauso in sich wie manche Catull-Gedichte und viele Martial-Epigramme: Sexuelles wird sehr drastisch benannt.

Man könnte die verschiedenen Aspekte ›derber‹ Sprache als Extremlatein bezeichnen oder in Anlehnung an Michael Sommers Buch *Dark Rome* als »Dark Latin«. Im schulischen Lateinunterricht kommt dieses umgangssprachliche Potential der lateinischen Sprache kaum vor, und das hat gute Gründe. Andererseits stellt es keinen unwesentlichen Bestandteil römischen Alltagslebens und römischer Zivilisation dar. Extremlatein gehört einfach dazu, und zwar nicht nur als Randphänomen oder ›Abrundung‹.

Dieses Buch will die Lücke zumindest ein Stück weit schließen. Die Kapitel sollen unabhängig voneinander zu lesen sein; daher werden geringe Überschneidungen in Kauf genommen. Die zeitliche Einordnung der erwähnten Autoren ermöglicht das angehängte Register. Bei Inschriften, in denen jeder Buchstabe ›kostbar‹ war, weil er Platz beanspruchte bzw. je nach Beschreibstoff aufwendig aufgebracht werden musste, sind die üblichen Abkürzungen mit Vervollständigungen in Klammern aufgelöst.

Dem Herausgeber bleibt nur noch der Wunsch, dass sich ihm gegenüber keine Leserin und kein Leser der Feststellung eines Graffitoschreibers anschließt, der einem gewissen Macer attestiert, er sei *cerebri moti*, sein »Hirn sei locker«. Und wenn doch? Dann keilt er mit dem ›frommen‹ Wunsch eines weiteren Graffitoschreibers zurück: »Ich wünsche dir, dass deine Warzen wieder aufplatzen und schlimmer brennen, als sie je gebrannt haben.« Ansonsten beschließt er seine Vorrede mit einer deutlich stärker literarischen, ja klassischen Aufforderung: *intende, lector, laetaberis* – »Leser, pass auf, du wirst deinen Spaß haben!« (Apuleius, *Metamorphoses* I 1, 6). Für die in Genderfragen noch ziemlich unsensiblen Römer bittet er alle *lectrices* um Nachsicht.

VOLLPFOSTEN, SCHNARCHLIESEN, AUFGEWÄRMTE ALTE KNACKER

Eine lateinische Schimpfwortkunde

Der französische Altphilologe Philippe Dubreuil hat genau gezählt: Er kommt auf 375 Wörter, mit denen man jemanden in lateinischer Sprache beleidigen kann – sofern man sich auf deklinierbare Substantive, Adjektive und Partizipialadjektive beschränkt. Das entspreche, rechnet er vor, 1,2 Prozent des gesamten lateinischen Vokabulars, also von circa 30 000 Wörtern.[1] Ein ganz ordentlicher Fundus, aus dem sich bedienen konnte, wer immer einen anderen Menschen schmähen, heruntermachen oder ›dissen‹ wollte. Hinzu kommen aber noch mit Verben gebildete Ausdrücke und ebenso ironische Formulierungen, in denen sich ein an sich harmloser Begriff flugs zur Verbalinjurie entwickeln kann.

Im Anhang von Ilona Opelts einschlägiger Untersuchung über die lateinischen Schimpfwörter[2] wiederum stößt man auf eine Liste von vielen Hundert Begriffen, die sich je nach Kontext und Sprechintention als Schimpfwörter eigneten – wobei gerade bei Adjektiven neben der ›Normalform‹ des Positivs immer auch der verstärkende Superlativ/Elativ zur Verfügung stand. Wo *spurcus*, »unflätig«, nicht ausreichte, konnte man problemlos auf *spurcissimus*, »extrem schweinisch«, ›erhöhen‹, wo *nequam*, »nichtsnutzig«, als Allerweltsschimpfwort überhört wurde, ließ sich mit *nequissimus* bzw. *nequissima* eine Steigerung erzielen, über die man kaum mehr mit Achselzucken hinweghören konnte. Das war dann schon ein(e) »Totalversager(in)«. *Impurus*, »unrein«, wurde im Handumdrehen zum *impurissimus*, »Sauknochen«, *stultus*, »dumm«, zum *stultissimus*, »Oberblödmann« oder »Vollpfosten«.

Für solche Ausdrücke kannten die Römer eine Reihe von Begriffen. *Maledictum*, »Schmähung, Beleidigung«, war ein häufig gebrauchter. *Aliquem maledictis figere*, »jemanden mit Schimpfwörtern durchbohren« oder »anschießen«, nennt Cicero den Vorgang, wenn eine ganze Salve von *maledicta* abgefeuert wird.[3] *Convicium* ist ein »Schimpfwort«, das sich mit viel Geschrei und Zank verbindet, *probrum* und *opprobrium* dagegen ein »beschimpfender Vorwurf«, der sich häufig auf einen konkreten Sachverhalt bezieht. Dabei meint *probrum* vor allem eine Beschimpfung, die sich auf eine unmoralische Handlung im Privatleben, zum Beispiel einen Ehebruch, stützt.

Allgemeinere Begriffe sind *contumelia*, »Schmach«, und *iniuria*, »Unrecht, Übergriff«. Beide sind nicht auf Worte beschränkt, können aber auch aus einer reinen Verbalattacke resultieren und entsprechen in aller Regel der Sicht der angegriffenen oder beschimpften Person. Eine bedrängende, einschüchternde Schimpfwort-Kanonade wird auch als *impetus* bezeichnet, ein »Losgehen« auf jemanden, ein »Angriff«. Die *invectiva oratio*, »Schmährede«, kommt begrifflich erst in der Spätantike in Gebrauch, ebenso der *insultus*, das rhetorische »Springen« (*salire*) auf einen Gegner, das dem englischen *insult* zugrunde liegt.

Die reichste Fundgrube für wüste Schimpfwort-Attacken sind die Komödien des Plautus. Das römische Theaterpublikum fand offensichtlich großen Gefallen daran, wenn sich einzelne Kontrahenten mit Beschimpfungen geradezu überboten und sich nach Strich und Faden an- und auskeiften. Adressaten wütender verbaler Beleidigungsstürme sind dort häufig die verhassten Bordellwirte, die der Liebesromanze eines jungen Herrn mit einer von ihnen beherrschten und sexuell ausgebeuteten Sklavin im Wege stehen. Im *Pseudolus* fallen Callidorus und Pseudolus verbal über den Bordellbetreiber Ballio her. Der ist abgebrüht genug, die Beschimpfungen nicht nur über sich ergehen zu lassen, sondern sie ausdrücklich zu bestätigen und seine Widersacher zu weiteren Schmähungen zu provozieren.

CALLIDORUS: *Pseudole, adsiste altrim secus atque onera hunc maledictis!*	Pseudolus, komm mir zu Hilfe und schütte den da mit Beleidigungen zu!
PSEUDOLUS: *licet. …*	Gern! …
CALLIDORUS: *ingere mala multa!*	Semmle ihm viele üble Ausdrücke rein!
PSEUDOLUS: *iam ego te differam dictis meis, impudice!*	Gleich werd ich dich mit meinen Worten zum Platzen bringen, du Lustmolch!
BALLIO: *itast.*	So ist es.
CALLIDORUS: *sceleste!*	Verbrecher!
BALLIO: *dicis vera.*	Ganz richtig bemerkt.

PSEUDOLUS: *verbero!*	Du Fresse zum Reinschlagen!
BALLIO: *quippini?*	Warum auch nicht?
CALLIDORUS: *bustirape!*	Leichenfledderer!
BALLIO: *certo.*	Klar doch.
PSEUDOLUS: *furcifer!*	Galgenstrick!
BALLIO: *factum optume.*	Super Ausdruck!
CALLIDORUS: *sociofraude!*	Kameradenschwein!
BALLIO: *sunt mea istaec.*	So bin ich nun mal.
CALLIDORUS: *parricida!*	Vatermörder!
BALLIO: *perge tu.*	Weiter im Text!
CALLIDORUS: *sacrilege!*	Tempelschänder!
BALLIO: *fateor.*	Zugegeben.
PSEUDOLUS: *peiiure!*	Meineidschwörer!
BALLIO: *vetera vaticinamini.*	Ihr wärmt Altbekanntes auf.
CALLIDORUS: *legerupa!*	Gesetzesbrecher!
BALLIO: *valide.*	Stark!
PSEUDOLUS: *peimities adulescentum!*	Kinderschänder!
BALLIO: *acerrume.*	Klasse!
CALLIDORUS: *fur!*	Dieb!
BALLIO: *babae!*	Ach je!
PSEUDOLUS: *fugitive!*	Drückeberger!
BALLIO: *bombax!*	Super-Klasse!
CALLIDORUS: *fraus populi!*	Volksbetrüger!
BALLIO: *planissime.*	Lässt sich deutlicher nicht sagen.
PSEUDOLUS: *fraudulente!*	Bescheißer!
CALLIDORUS: *impure!*	Sauhund!

PSEUDOLUS: *leno!*	Dreckstück von Luden!
CALLIDORUS: *caenum!*	Stück Scheiße!
BALLIO: *cantores probos!*	Toll, wie ihr im Duett singt!
CALLIDORUS: *verberavisti patrem atque matrem!*	Vater und Mutter hast du vermöbelt.
BALLIO: *atque occidi quoque potius quam cibum praehiberem: num peccavi quippiam?*	Ich hab sie sogar umgebracht, um sie nicht durchfüttern zu müssen. Sollte ich da was falsch gemacht haben?
PSEUDOLUS: *in pertussum ingerimus dicta dolium, operam ludimus.*	Wir schütten unsere Worte in ein Fass ohne Boden. Vergebliche Mühe![4]

Ballios Strategie ist klar: Er lässt die Beleidigungen förmlich von sich abtropfen und feuert seine Widersacher noch an, die verbale Keule immer wieder auf ihn niederfahren zu lassen. Er sitzt die Angriffe aus und lässt sie ins Leere laufen.

In einer anderen Komödie, dem *Persa*, muss erneut ein Bordellwirt eine Flut verbalen Unrats über sich ergehen lassen: *O lutum lenonium, commixtum caeno sterculinum publicum, impure, inhoneste, iniure, inlex, tabes populi, pecuniai accipiter, avide et invide, procax, rapax, trahax – trecentis versibus tuas impuritias traloqui nemo potest.* – »Du Dreckskerl von Zuhälter, mit Scheiße durchmischter öffentlicher Misthaufen, schmutziger Kerl, ehrloser, rechtloser, gesetzloser Typ, Seuche des Volkes, gieriger und neidischer Geldgeier, du dreistes, diebisches, räuberisches

Stück – selbst in dreihundert Versen könnte niemand deine ganzen Schweinereien vollständig aufzählen!«[5]

Die Komödie ist natürlich kein 1:1-Spiegel der realen römischen Welt, zum einen, weil sie in einer griechischen literarischen Tradition steht, und zum anderen, weil Übertreibungen, Zuspitzungen und feste, wenig differenzierte Charaktere zu ihr gehören. Das sieht man schon an einem ihrer Protagonisten, dem *servus callidus*. Der »clevere Sklave« hat sehr viel größeren Einfluss und kann sich viel mehr herausnehmen als ein Sklave in der römischen Alltagsrealität – auch und gerade was Beleidigungen betrifft. Es ist eine verkehrte Welt: Sklaven teilen deutlich mehr an Verbalinjurien aus, als sie einstecken müssen: 37 zu 25 Prozent.[6] Bei anderen Charakteren ist das Verhältnis ausgewogener: Auf Alte entfallen jeweils 18 Prozent des aktiven und passiven ›Beleidigungsaufkommens‹, auf Frauen 12 Prozent aktiv gegenüber 16 Prozent passiv. Derbe Schimpfwörter und Schmähungen prägen das Lustspiel – auch als komische, zum Lachen reizende Elemente –, stärker, als es im normalen zivilisierten Umgang miteinander tunlichst der (Ernst-) Fall ist. Bei Plautus kommt auf jeweils 40 Verse eine Beleidigung.[7] Im Alltag – auch im familiären Alltag – wäre die Belastungs- und Toleranzgrenze der Menschen damit schnell überschritten und eine Eskalation hin zu physischer Gewalt ziemlich wahrscheinlich.

Wie häufig die echten Römer sich gegenseitig Beleidigungen an den Kopf geworfen haben, wissen wir schlicht nicht. Dass sie es in Konfliktsituationen wie zum Beispiel im dichten Straßenverkehr, bei Meinungsverschiedenheiten im Arbeitsleben und auch vor Gericht getan haben, ist dagegen sicher. Kein Wunder also, dass vor allem aus literarischen Zeugnissen eine Fülle lateinischer Schimpf- und Schmähvokabeln überliefert ist. Kostproben gibt es auch im Kapitel über die Hatespeech im politischen Raum (S. 25 ff.). Im Folgenden wollen wir diese Kenntnisse mit einer Zusammenstellung des Materials in Rubriken erweitern – ohne den Anspruch auf Vollständigkeit anzustreben.

Die vom Menschen ›befreite‹ Natur stellt eine Menge Schimpfpotential bereit – einschließlich übernatürlicher Phänomene wie *monstrum*, »Ungeheuer«. Darin steckt *monere*, »mahnen, warnen«. Das lateinische *monstrum* kommt dem deutschen »Monster« relativ nahe. Ähnliche Warnungen gehen auch von *prodigium* und *portentum* aus. Die Grundbedeutung »Vorzeichen« wird bei der Verwendung als Schimpfwort zu einer dämonischen »Missgeburt«, zu einem »Ungeheuer« und »Scheusal«, das mit menschlichen Kategorien überhaupt nicht mehr erfassbar ist. Nicht weit entfernt davon ist, was die Verbannung aus der menschlichen Gemeinschaft angeht, *belua*: »Untier, Ungetüm«, animalische Wildheit in Menschengestalt sozusagen.

Das Tierreich stellte eine Reihe von Schimpfwörtern zur Verfügung. Dabei liegt *canis*, »Hund, Hündin«, erstaunlicherweise weit vorn. Der Hund galt als nicht besonders rein, vor allem aber als schamlos – weswegen die ›Jünger‹ des Tonnen-Philosophen Diogenes (um 413–323 v. Chr.), die *anaídeia*, »Schamlosigkeit«, programmatisch auf ihre Fahnen geschrieben hatten, als Kyniker bezeichnet wurden (von griechisch *kýon* [Genitiv *kynós*], »Hund«).[8] Außerdem wurde die unterwürfige Art des Hundes gegenüber seinem Herrn von vielen als ›Charakterfehler‹ angesehen und war damit eine geeignete Vergleichsbasis, um menschliche ›Hunde‹ abzuqualifizieren. *Lupus*, der »Wolf«, wurde selten als Schimpfwort gebraucht; die feminine Form *lupa* bezeichnete umgangssprachlich eine Prostituierte, in der Derbheit wohl dem deutschen »Nutte« vergleichbar. Eine übliche Bezeichnung für »Bordell« war daher *lupanar*. Die Erklärung, dass die Hure ähnlich ›raffgierig‹ und ›reißerisch‹ sei wie die Wölfin, erscheint plausibel.[9] Der *asinus*, »Esel«, und der *mulus*, das »Maultier«, sind Synonyme für Dummheit und Begriffsstutzigkeit. Ähnlich steht *pecus*, das »Schaf«, für Blödheit. Als *caper* oder *hircus*, »Ziegenbock«, wird beschimpft, wer sehr auffällig riecht. Mit *simia*, »Affe«, geht man auf einen untalentierten ›Nachäffer‹ mit wenig Originalität los oder entlarvt den anderen als hässlich. Der *porcus* oder die *sus*, »Schwein« und »Sau«, erhalten als Chiffren für Unreinheit fragwürdige Schimpfwort-Ehren. »Nicht Menschen, sondern Schweine scheinen hier zu wohnen«, heißt es in einer Plautus-Komödie von einem unordentlichen Haushalt.[10] In der Vogelwelt sind es besonders die »Räuber« (*raptores*), die wegen ihres zupackenden Schnabels als Schimpfwörter dienen: Als *vultur*, »Aasgeier«, *accipiter*, »Habicht«, und *milvus*, »Taubenfalke«, auch als *aquila*, »Adler«, werden ›beutegierige‹ Menschen beschimpft, und ›Blutsauger‹ wie *culex*, *cimix* und *pulex*, »Mücke«, »Wanze« und »Floh«, müssen ihren Namen zum Beispiel für Bordellwirte hergeben, die ihre ›Opfer‹ finanziell gewissermaßen aussaugen.

Aus der Welt der Gewächse ›punkten‹ vor allem der *caudex* und der *stipes*; beide stehen für den menschlichen »Holzklotz« ohne Sensibilität. Nicht weit davon entfernt ist der *lapis*, »Stein«. *Gurges*, »Schlund«, und *barathrum*, das griechische Wort für »Abgrund«, werden wie auch *vorago*,

»Schlucht, Strudel«, gern dazu verwendet, um Unersättlichkeit beim Essen zu verspotten.

Organischer Abfall, Dreck und Kot waren beliebte Metaphern für menschliche ›Miststücke‹. So bezeichnen etwa *caenum* und *lutum* »Dreck(stücke)«, Ableitungen von *stercus*, »Mist, Scheiße«, sind *stercorarius*, »Scheißkerl«, und *sterculinum*, »menschlicher Misthaufen«. Auch *tabes*, »Fäulnis, Jauche«, ist ein beliebtes Schimpfwort. Bemerkenswert: *Merda*, »Scheiße«, entwickelt sich – anders als in den romanischen Nachfolgesprachen – im Lateinischen *nicht* zum Schimpfwort. Allenfalls konnte man etwas als *cacatum*, »bekackt«, verächtlich machen; am bekanntesten ist Catulls *cacata charta*, »bekackter Papyrus«, für das ›Geschmiere‹ eines schlechten Dichters.[11] Aber auch *cacatus* entsprach nicht im Entferntesten dem ›Frequenz-Standard‹, mit dem im Deutschen alles Mögliche als »Scheiß-XY« tituliert wird – so dass, wer Latein als »Scheißsprache« verunglimpfen zu sollen meint, keine Chance hat, das adäquat ins Lateinische zu übersetzen.

Ein Mensch als Personifizierung von Unglück und Katastrophe: Das war vor allem in der politischen Auseinandersetzung gang und gäbe. Die einschlägigen Schimpfwörter sind *pestis*, »Pest«, *pernicies*, »Untergang«, *calamitas*, »Katastrophe«, *exitium*, »Verderben«, und *damnum*, »Schaden«. Alle diese Beleidigungen setzen den Verursacher mit dem von ihm angerichteten Unheil gleich.

Gehen wir zum Menschen selbst über. Da werden Begriffe für das Aussehen, das Alter und den physischen sowie vor allem den geistigen Zustand gern als Schimpfwörter gebraucht. Klassiker sind wie im Deutschen Ausdrücke, die dem anderen *ratio* und *mens*, den »Verstand«, und damit das menschliche Spezifikum schlechthin absprechen: *a-mens* und *de-mens* bezeichnen den Verrückten »ohne Verstand«; *v(a)esanus* und *furiosus* den, der blind vor Wut und daher »wahnsinnig« ist.

Hohes Alter wird mit *decrepitus*, »abgelebt, abgeklapperter Tattergreis«, verunglimpft, eine alte Frau als *anus* oder *vetula*, »alte Schachtel, Vettel« (Letzteres ein deutsches Lehnwort dazu), despektierlich angesprochen. Einfallsreich, wenn auch nicht gerade schmeichelhaft sind *cadaver surdum et mutum*, »tauber und stummer Leichnam«,[12] sowie *sepulchrum* und *silicernium*, »Grab« und »Leichenschmaus«.

Einzelne Körperteile werden situativ zu Schimpfwörtern umfunktioniert: *verbereum caput*, »Fresse zum Reinschlagen«, *bucco*, »Backe«, unter anderem für »Maulheld«, *abdomen*, »Schmerbauch«, für ›Fresssack‹ und natürlich Geschlechtsteile für sexuelle ›Wollüstlinge‹: *mentula* und *verpa*, »Schwanz«, *cunnus*, »Fotze«, sowie *colei*, »Eier«, für Hoden.

Bleiben wir einen Moment bei diesem Bereich von Schimpfwörtern im sexuellen Kontext. Wer es da zu übertreiben scheint, kriegt schnell ein ›Label‹ verpasst: *adulter* und *moechus* für »Ehebrecher«, *libidinosus* für »Lustmolch«, *salax* und *lascivus* für den »geilen Sack« und *scortator* für den »Hurenbock«. Frauen werden als *amasiuncula*, »Flittchen«, beschimpft, als *ludia*, »Gladiatorenliebchen«, als *venus militaris*, »Soldatenbraut«, als *virosa*, »mannstoll« (das Suffix *-osus* bezeichnet stets eine Fülle), als *moecha*, »Ehebrecherin, Hure«, und als *meretrix*, *lupa*, *proseda* und *prostituta*. Alle vier Ausdrücke bezeichnen Prostituierte, aber eben auch *angebliche* Prostituierte.

Homosexuelle werden als *cinaedi* und *pathici*, »Schwule,

Schwuchteln«, beschimpft. Dabei steht der *pathicus* in der Intensität der Beleidigungshierarchie noch über dem *cinaedus*, weil er die passive Rolle übernimmt und von der Mehrheitsgesellschaft deshalb als unmännlich verachtet wurde.

Auch sexuelle ›Perversionen‹ werden im alten Rom gern mit drastischen Bezeichnungen abgestraft: *cunnilingus*, »Fotzenlecker«, *fellator* bzw. *fellatrix*, »Bläser(in)«, *pedicator*, »Arschficker«, und *irrumator*, »Mundficker«, sind einige häufig zu findende Beispiele dafür. Wer sexuelles ›Fehlverhalten‹ weniger derb benennen und nur unspezifisch tadeln wollte, konnte zu einem allgemeinen *impudicus* greifen, »schamlos, Lustmolch«. Auch mit *impurus*, »unrein, Schmutzfink«, wies man deutlich auf sexuelle Ausschweifungen hin – und ließ gleichzeitig Freiräume für ›weitere‹ Schmuddeleien.

Für Dummheit gibt es – neben den Tiermetaphern – zahlreiche Schimpfwörter. *Stultus* und *stolidus* bezeichnen den »Blödmann« und den »Trottel«, *stultissimus* ist der »Vollidiot«, *fatuus* der »Schwachsinnige«. *Tardus* oder *tardissimus* ist der Mensch »mit langer Leitung«, der »Lahmarsch«; *inscius* oder *ignarus* bezeichnet den Ignoranten, einen, ›der nichts auf die Reihe kriegt‹. Als *rusticus* wird der zurückgebliebene »Bauer«, das ahnungslose »Landei« beschimpft.

Der »Angsthase« ist auf Latein *timidus*, der »Drückeberger« heißt *fugax*; *piger* ist der »faule Sack«, *ignavus* oder *ignavissimus* der »Faulpelz, Nichtsnutz«, *iners* oder *lentus* der »Träge, einer, der nicht richtig in die Puschen kommt«.

Idioten und anderen ›Zurückgebliebenen‹ mochten die Römer einiges nachsehen, weil sie nichts dafürkonnten, sondern genetisch so veranlagt oder durch ein bestimmtes

Milieu etwa auf dem Land so geprägt waren. Ganz anders aber die, die sich bewusst kriminell verhielten. Sie konnte man mit Fug als *malum*, personifiziertes »Übel«, bezeichnen und als *scelesti*, *scelerati* oder direkt als *scelera*, »Verbrecher«, beschimpfen. *Sceleratissimus* ist dann der »Obergangster«. Selbstverständlich lassen sie sich nach ihren Vergehen spezifizieren, unter anderem in *fur*, »Dieb«, *trifur*, »Dieb hoch drei«, *praedo*, *latro*, *rapax* und *raptor*, »Räuber, Bandit«. *Gladiator*, als Schimpfwort gebraucht, bedeutet so viel wie »Gangster«. Schlimmer noch sind der *sicarius*, »Killer«, der *percussor*, »Mörder«, der *parricida*, »Vatermörder«. Allgemein der »Gesetzesbrecher« und damit »Outlaw« ist der *legirupa* oder der *inlex*, der Meineidige ist der *periurus*, *fallacissimus* der »betrügerische Obergauner«, *proditor* der »Verräter« und *sacrilegus* der »Tempelräuber«. Als weibliche Spezialität galt der Giftmord; das spiegelt sich in *venefica*, »Giftmischerin«. Wenn einer als *carnifex* beschimpft wird, so ist damit meist allgemein der »Schurke« gemeint oder auch, im übertragenen Sinn, etwa der »Henker« des Staates.[13] Dabei dürften aber viele Römer die anschauliche Etymologie als eigentliche Bedeutung des Wortes noch mitgedacht haben: Der gesellschaftlich verachtete »Henker« ist der »Fleischmacher« (*caro* und *facere*).

Die nächste Schatzkiste für Schimpfwörter: charakterliche Mängel! Ob tatsächliche oder vermeintliche, war den Krakeelern egal. Arroganz und Unverschämtheit spiegeln sich vor allem in Adjektiven: *tumens/tumidus*, »aufgeblasen«, *adrogans*, »arrogant«, *superbus*, »hochmütig«, *audax*, »dreist«, *petulans*, »unverschämt«, *procax*, »frech«, *insolens*, »überheblich«, *immodicus*, »maßlos«, und *gloriosus*, »prahlerisch«. Wer es mit der Wahrheit nicht so genau nahm, wurde als *mendax*, »Lügner«, *fallax*, »Täuscher, Betrüger«, und *vaniloquus*, »Dummschwätzer, Windmacher«, angegriffen.

Zum Luxus hatten die Römer ein zwiespältiges Verhältnis. Alle Angehörigen der Oberschicht, die ihn sich leisten konnten, liefen gewissermaßen mit fliegenden Fahnen zu ihm über, aber ›offiziell‹ war *luxuria* im Privatleben verpönt: Eine tadelnswerte Abweichung vom *mos maiorum*, der »Sitte der Vorfahren«, die sich ebenso bequem wie heuchlerisch tadeln ließ. Mit *helluo*, »Fresser, Verschwender«, konnte man den Gourmet oder Gourmand in die luxuriöse Ecke stellen, mit *bibax*, *vinolentus*, *vinosus* und *bibulus* den vermeintlich maßlosen »Säufer« oder »Saufkopp«. *Ebriosus*, »Trunkenbold«, passte in dieselbe Schublade wie *edax*, *ganeo* und *comedo*, »Fresser«, wie *lurco*, »Schlemmer« und »Lustmolch«.

Eine andere unmäßige Leidenschaft, der viele Römer verfallen waren, war das Würfelspiel. Entsprechend entwickelten sich *aleo* und *aleator* zu Schimpfwörtern: »Hazardeure, Würfel-Junkies, Zocker«. Mit solchen Begriffen ließ sich die Seriosität der Beleidigten nachhaltig infrage stellen: Sie wurden als Abhängige und insoweit nicht Zurechnungsfähige diskreditiert.

Ein weiterer Makel, der zu massiven Beleidigungen Anlass gab, war das rücksichtslose Streben nach Reichtum und Besitz: *Avarus* ist der »Geizkragen«, *sordidissimus* die Steigerung davon. *Avidus* und *cupidus* stehen für »von Gier Besessene«, die ihren Besitz auf sozialschädliche Weise zu mehren bemüht waren. Andere Charakterschwächen zeigten der Schmeichler, *adulator*, der gegenüber erwiesenen *beneficia* (»Wohltaten, Gefallen«) Undankbare, *ingratus*, der Denunziant (*index*, *delator*) und Intrigant (*machinator fraudis*). Sie alle fielen unter die *improbi* oder *improbissimi*, die »Schurken«, die man heute vielleicht als »ausgemachte Arschlöcher« schmähen würde. »Brutalo« oder »Sadist« wären heute die passenden Ausdrücke für einen *crudelis* oder *crudelissimus* bzw. einen *saevus* oder *saevissimus*. Nicht weit davon entfernt rangierten der *ferus* oder *ferox*, der »Wilde«, der *asper*, »Brutale«, und der *barbarus*. Er galt als Inbegriff unzivilisierter Wildheit. Wer einen Römer so bezeichnete, stieß ihn gewissermaßen aus der Gemeinschaft der Zivilisierten aus und stellte ihn auf die Stufe mit ›Menschen (allenfalls) zweiter Klasse‹.

Es ist hier nicht der Platz dafür, alle Schimpfwörter zusammenzustellen, die die Römer sich ausgedacht haben, um Widersacher zu diskreditieren und herabzuwürdigen. Wir haben uns auf eine einigermaßen repräsentative Auswahl beschränkt. Als Ergänzung soll eine Liste von besonders originellen – man könnte auch sagen: von besonders fiesen – Schimpfwörtern dienen, die sich vor allem aus der Zusammensetzung von Begriffen ergeben:

Acheruntis pabulum	Teufelsbraten
ancillariolus	Schürzenjäger
capuli decus	Sargzierde (also ein alter Mann)
cibicida	Essensmörder (Parasit)
deglupta maena	abgehäutete Sardine
dentifrangibundus	Zahneinschläger
dotata vetula valicosa vafra	reiche, clevere Alte mit Krampfadern

fons viti atque peiuri	Quelle des Lasters und Meineids
hallex viri	Zwerg von einem Mann
hirsutus atque olidus senex	stoppelbärtiger, stinkender Tattergreis
inanilogista	Phrasendrescher, Hohlschwätzer
matella	Pisspott
odium publicum populi senatus universorum hominum	öffentliches Hassobjekt des Volkes, des Senats und aller Menschen
omnium non solum bipedum, sed etiam quadrupedum spurcissimus	größte Drecksau nicht nur unter den Zwei-, sondern auch den Vierbeinern
pica pulvinaris	Sofaelster
putida caro	stinkendes Stück Aas
senex recoctus	aufgewärmter alter Knacker
sterteia	Schnarchliese
suppostrix	Kindesunterschieberin
sus lutulenta	Drecksau
trifurcifer	Dreifachgalgenstrick

Zwei Anmerkungen zum Schluss für alle, die das neu erworbene Wissen anwenden möchten. Eines der gängigsten deutschen Schimpfwörter kommt bei den Römern *nicht* vor: Das »Arschloch« hat im Lateinischen kein Schimpfwort-Pendant. Und, wie schon angedeutet, hat es auch das Sekret, das sich mit diesem Körperteil verbindet, im Lateinischen nicht zu vergleichbaren Schimpfwort-Ehren gebracht: *Merda* fehlt im Schimpfwort-Arsenal der Römer, *cacator*, »Kacker«, kommt vor,[14] ebenso – wie schon gezeigt – das Verb *cacare* und das Partizip *cacatus*, »bekackt«, aber gegenüber dem deutschen Sch…-Wort sozusagen nur in Spurenelementen.

Ganz zuletzt eine Warnung: Wer unsere Liste dazu missbraucht, Zeitgenossen ein lateinisches Schimpfwort an den Kopf zu werfen, sollte wenigstens grammatisch auf der Hut sein. Beleidigungen stehen im Lateinischen im Vokativ, und wenn ein Wort auf *-us* endet, bildet es den Vokativ normalerweise auf *-e*. »Du Verrückter!« muss beispielsweise als *vesane!* gebildet werden. Wer sich da aus Wut und Empörung zu einem *vesanus!* hinreißen lässt, läuft Gefahr, als *ignarus* oder *stolidus* dazustehen bzw., um nicht ausgerechnet *in rebus genderibus* einen Fauxpas zu begehen, als *ignara* und *stolida*.

DU VERBRECHER, DU SEUCHE, DU SCHANDFLECK!

Hatespeech in der Politik

Römische Aristokraten waren sehr ehrpusselig. Wenn es um ihre *dignitas* und *gravitas* (»Würde«), ihren *honor* (»Ehre«) und ihre *existimatio* (»guter Ruf«) ging, kannten sie keinen Spaß. Trotzdem mussten sie gehörig einstecken können, wenn politische Gegner auf sie losgingen. »Auf jemanden losgehen«, ihn »anfahren« heißt auf Latein *invehi*. Der rhetorische oder auch schriftlich fixierte Angriff wird deshalb als »Invektive« bezeichnet. Als Begriff kommt die *oratio invectiva*, »Schmährede«, erst in der Spätantike vor; in der Sache war sie im 1. Jh. v. Chr. voll ausgebildet. Und einer ihrer Großmeister war kein Geringerer als Cicero. Auch er, der größte Redner der Römer und Verfasser mehrerer theoretischer Abhandlungen über Redekunst, fand nichts dabei, rhetorisch auch schon mal kräftig unter die Gürtellinie zu zielen und einen Gegner nach allen Regeln der Schmähkunst fertigzumachen.

Was man da liest, unterscheidet sich zum Teil nicht von der Hatespeech in den heutigen sogenannten sozialen Medien. Mit großer Rücksichtslosigkeit wurde da auf persönliche Eigenarten eingedroschen, wobei weder die Herkunft noch das Aussehen und eventuelle Behinderungen ausgespart blieben. Alles, womit man einen ›Punkt‹ machen konnte, wurde gnadenlos ausgebeutet.

Der Senat als Verleumdungsarena

Auch und gerade der Senat wurde als Schauplatz boulevardesker Tiefschläge nicht verschont. Es wurde verleumdet, was das Zeug hielt – und das völlig unabhängig von Argumenten und konkreten Indizien. Höchstpersönliches und Intimes wie sexuelle Vorlieben und ›Verfehlungen‹ wurden da in aller Öffentlichkeit breitgetreten und mit bloßen Mutmaßungen ›bewiesen‹. Rhetorische Schlammschlachten waren im römischen Senat nichts Außergewöhnliches. Einzig der Gewöhnungsfaktor stand der Glaubwürdigkeit im Wege. Den Senatoren war schon so viel Schmutzwäsche zugemutet worden, dass sie auf der Hut waren, einem noch so begabten rhetorischen ›Genie‹ einfach Glauben zu schenken. Sie kannten die Mechanismen der invektivischen Verleumdung zur Genüge.

Moderne Philologen haben eine Art Matrix zusammengestellt, mit welchen Aspekten begnadete Polemiker punkten konnten. Sie zogen über eine ›peinliche‹ Abstammung her oder bezweifelten, dass ihr ›Opfer‹ seiner eigenen Herkunft würdig sei; sie diskreditierten ihren Gegner über dessen physische Erscheinung einschließlich seiner Kleidung. Sie bezichtigten ihn der Trunkenheit, der Heuchelei, des Geizes, der Feigheit im Krieg und der Bestechlichkeit.

Sie wühlten in seinen sexuellen Vorlieben, warfen ihm vor, die Bürgerschaft als Tyrann zu unterdrücken und sich in willkürlicher Weise zum ›Alleinherrscher‹ aufwerfen zu wollen. Sie bezichtigten ihn der Verschwendungssucht und der Ausplünderung privaten und öffentlichen Vermögens und überschütteten ihn geradezu mit Schimpfwörtern und mit Unterstellungen. Und sie legten es darauf an, ihn an den Rand der Gesellschaft zu drängen, ihn zum Outlaw zu stempeln, der in völlige Isolation zu seinen Mitbürgern geraten sei.

Das Muster der Invektive war wohlbekannt. Und ebenso war allen klar, dass da in übler Weise auf hemmungslose Emotionalisierung gesetzt wurde. Ziel nicht nur hetzerischer Rhetorik war es, dass sich der Zuhörer mehr durch den »Drang seines Herzens« und eine Art emotionalen Aufruhrs lenken ließ als durch sein objektives Urteil und »seine Einsicht«.[1] »Die Menschen entscheiden eher emotional«, stellt Cicero nüchtern fest, »als nach der Wahrheit oder nach Rechtsnormen.« Die Invektive lässt sich von diesen Schwächen der Zuhörer leiten. Sie bemüht sich, das Auditorium auf ihre Seite zu ziehen und den Angegriffenen zu isolieren. Wenn er bei den Zuhörern jeden Rückhalt verliert, hat er auch keine Chance, sich gegen die Unterstellungen, Ehrverletzungen und rüden, mit Schimpfwörtern gespickten Attacken der Gegenseite zur Wehr zu setzen.

Römische Rhetorik konnte gnadenlos sein, ein scharfes Fallbeil geradezu ohne einen Hauch von Fairness – die im Übrigen nirgendwo in der antiken Welt, auch nicht im Sport, eine entscheidende Kategorie war. Den Gegner in Grund und Boden zu rammen, ihn der Lächerlichkeit preiszugeben, ihn auch und gerade als Person aufgrund seiner gesamten Lebensführung, seines Herkommens, seiner sexuellen Präferenzen und höchst privater Details zu erledigen – davor schreckte kein Redner zurück. Vorausgesetzt, er spürte eine Mehrheit des Auditoriums hinter sich. Dessen moralische Urteile und Vorurteile baute er geschickt in seine Argumentation ein; sie wurden skrupellos, ja hemmungslos bedient.

Dabei war die Wahrheit von untergeordneter Bedeutung. Hauptsache, die Invektive klang plausibel und holte die Mehrheit gewissermaßen bei ihren vorgefertigten Meinungen ab. Da war durchaus ein Schuss Demagogie im Spiel – und eine Menge Menschenverachtung, wie wir heute urteilen würden, wenn wir uns die Schimpfwörterorgien und das Eindringen in den absoluten Privatbereich vergegenwärtigen, die nach heutigen Begriffen das Persönlichkeitsrecht und auch die Menschenwürde eklatant verletzten. Beides sind indes moderne Konzepte, die die Antike so nicht kannte. Römische Hatespeech-Agitatoren mussten nur zusehen, dass sie die Stimmung ihrer Zuhörerschaft nicht falsch einschätzten. Taten sie das, dann konnte sich die Invektive zu etwas entwickeln, das die dem Fußball noch abholden Römer dem Begriff nach noch nicht kannten, wohl aber in der Sache: zum klassischen ›Eigentor‹.

Rhetorischer Schmutzkübel: Ciceros Piso-Rede

Die wüsteste Invektive, die Cicero jemals in einer tatsächlich gehaltenen Rede geritten hat, richtete sich gegen Lucius Calpurnius Piso. Der war im Jahr 58 v. Chr. Konsul gewesen und hatte sich Ciceros Zorn zugezogen, weil er dessen Rückkehr aus der Verbannung verhindert hatte. Schon in früheren Reden hatte Cicero kräftig gegen seinen Intimfeind gewettert. Als Piso im Jahr 55 v. Chr. aus seiner Provinz Makedonien nach Rom zurückkehrte, beklagte er sich im Senat heftig über Ciceros Attacken. Dabei hielt er ihm manches vor, das ebenso zutraf, wie es für Cicero peinlich war – und das sicher in einer scharfen Form, die Ciceros Wut auf Piso noch steigerte. Er wartete jedenfalls nicht mit seiner Antwort, sondern holte noch in derselben Senatssitzung zum Gegenschlag aus. Vermutlich hatte er mit Pisos Angriff gerechnet, so dass er sich Argumente und eine rhetorische Strategie für seine Antwort rechtzeitig zurechtlegen konnte.

Gleichwohl ist die überlieferte Rede ziemlich sicher nicht die Originalversion, sondern eine später ausgearbeitete ›Kopie‹. Es war nichts Ungewöhnliches, dass man eigene Reden überarbeitete und sie in der Neubearbeitung herausgab – gerade bei Invektiven nicht, die auf diese Weise als Streitschriften und Pamphlete eine weitere Publizität erlangten als eine Senatsrede. Insofern sind die vielen Schläge unter die Gürtellinie kein Ausdruck spontaner Emotion, sondern intendiertes und wohl berechnetes Foulspiel – jedenfalls aus heutiger Sicht, wie auch Wilfried Stroh einräumt, einer der besten zeitgenössischen Kenner ciceronischer Rhetorik: Er spricht von einer »Schimpfkanonade« und einem »der übelsten Stücke von Ehrabschneiderei in der hierin ja nicht zimperlichen Antike«.[2]

Zunächst soll eine Auswahl an einzelnen Beleidigungen und Schimpfwörtern den rhetorischen Geschosshagel deutlich werden lassen, der, über die gesamte Rede verteilt, auf Piso niederging: *quid enim illo inertius, quid sordidius, quid nequius, quid enervatius, quid stultius, quid abstrusi-*

us? – »Was gibt es für ein Subjekt, das fauler, dreckiger, nichtswürdiger, schlapper, dümmer und hinterhältiger sein könnte als dieser Kerl!« (frg. 7); *quid quod miser, cum loqui non posset, tacere poterat* – »ein elender Kerl, der den Mund nicht halten konnte, obwohl er nicht reden kann« (frg. 3); *bustum rei publicae* – »Totengräber des Staates« (9), *carnifex* – »Schlächter« (10), *proditor templorum* – »Verräter an allen Tempeln« (11), *illo bustiario gladiatore* – »bei Leichenspielen eingesetzter Gladiator« (19), *immanissimum ac foedissimum monstrum* – »ein entsetzliches und hässliches Ungeheuer von gigantischen Ausmaßen« (31), *ex hara producte* – »Produkt eines Schweinestalls« (37), *vulturius illius provinciae* – »Aasgeier der Provinz« (38), *ille gurges atque helluo natus abdomini suo* – »Prasser und Schlemmer, für seinen fetten Bauch geboren« (41), *furor atque insania* – »ein Ausbund an Raserei« (50), *homullus ex argilla et luto fictus* – »eine Missgeburt aus Dreck und Schwefel« (59), *impurissima atque intemperantissima pecus* – »ein total unsauberes, hemmungsloses Stück Vieh« (72), *sceleratus* – »ein Verbrecher« (89).

Hier der Kontext in Übersetzung:[3]

Siehst du jetzt, du Untier, merkst du jetzt endlich, was die Leute an deiner Stirn auszusetzen haben? Kein Mensch führt Klage darüber, dass da in deiner Person irgendein Syrer aus der Herde frisch importierter Sklaven zum Konsul geworden ist. Denn nicht haben uns dein sklavischer Teint, nicht deine behaarten Backen, nicht deine faulen Zähne getäuscht. Die Augen, die Brauen, die Stirn, kurz: der ganze Gesichtsausdruck, der ja in gewisser Weise ein stummer

Ausdruck des Charakters ist, der hat die Menschen betrogen und reingelegt, der hat sie, die ihn nicht kannten, in die Irre geführt, getäuscht und verführt. Nur wenige von uns wussten von deinen dreckigen Lastern, nur wenige wussten von deiner Begriffsstutzigkeit, nur wenige von der Schwerfälligkeit und Gebrechlichkeit deiner Zunge. Nie zuvor hatte man diese Stimme auf dem Forum gehört, nie zuvor hatte man deine politische Expertise auf die Probe gestellt, es gab von dir keine außergewöhnliche, nicht einmal irgendeine bekannte Leistung – nicht auf militärischem und nicht auf innenpolitischem Gebiet. Aufgrund eines Irrtums der Menschen bist du zu deinen Ämtern gekrochen, auf Empfehlung deiner rauchgeschwärzten Ahnenbilder, mit denen du nichts Vergleichbares hast außer der Farbe.

Zur politischen Diskreditierung trägt auch der Vorwurf eines Lebenswandels bei, der absolut nicht standesgemäß ist. Kneipenbesuche verbieten sich für Angehörige der Oberschicht. Wirtshäuser gelten als ›dubiose‹ Örtlichkeiten, Tabuzonen für die Elite – ebenso wie Saufereien in der Öffentlichkeit:

Weißt du noch, du Dreckstück, wie ich dich mit Gaius Piso am späten Vormittag aufgesucht habe und du aus irgendeinem Kabuff auftauchtest, mit einem Wickel um den Kopf, in Hausschuhen, und wie du, als du uns aus deinem stinkenden Maul mit ekelhaftem Kneipendunst anhauchtest, dich mit einem gesundheitlichen Problem entschuldigt hast? Du erklärtest, du pflegtest dich mit weinhaltigen Medikamenten zu kurieren. Wir akzeptierten den Vorwand – was hätten wir denn anderes tun können? – und standen dann eine Zeitlang im Gestank und Dunst deiner Kneipe. Aus der hast du uns mit unverschämten Antworten vertrieben, mehr aber noch durch dein absolut widerwärtiges Rülpsen.

Tyrannische Willkür war ein beliebter Vorwurf gegenüber Amtsträgern; solch herrisches Verhalten galt als Zeichen von crudelitas, *»Grausamkeit, schonungsloser Gefühllosigkeit«. Der Senat hatte beschlossen, dass alle seine Mitglieder Trauer tragen sollten – eine übliche Demonstration, um Protest, Widerstand und Unzufriedenheit zu signalisieren:*

Der Kerl hat es – zusammen mit seinem Ebenbild, das er aber trotzdem in allen Lastern unbedingt übertreffen wollte – gewagt, amtlich zu verordnen, der Senat solle entgegen seinem eigenen Beschluss zur Normalkleidung zurückkehren. Welcher Tyrann hat das in irgendeinem Skythien fertiggebracht, diejenigen, die er zur Trauer getrieben hat, nicht trauern zu lassen? Die Trauer lässt du bestehen, die äußeren Zeichen der Trauer aber beseitigst du. Du nimmst ihnen die Tränen nicht durch Trostworte, sondern durch Drohungen. Wenn aber die Senatoren Trauerkleidung nicht aufgrund eines öffentlich gefassten Beschlusses, sondern aus persönlichem Pflichtgefühl oder Mitleid angelegt hätten, spräche es für eine unerträgliche Grausamkeit von dir, ihnen das durch Verfügungen von Amts wegen nicht zu gestatten. Tatsächlich aber hatte der Senat in Anwesenheit vieler seiner Mitglieder das beschlossen, und alle anderen Stände haben das schon vorher getan – du aber, ein aus einer düsteren Kaschemme herausgezogener Konsul, hast im Einvernehmen mit dem allseits berüchtigten Tanzmariechen (Gabinius) dem Senat des römischen Volkes verboten, den Untergang und die Katastrophe des Staates zu betrauern.

Ein Konsul soll zum Schutz der Bürger da sein, vor allem derer, die in Schwierigkeiten stecken. War also Piso auch für Cicero ein hilfreicher Ansprechpartner?

Klar, ausgerechnet ich wollte mich auf den Rat und Schutz dieses Mistviehs und verfaulten Stücks Aas stützen? Ich wünschte mir von diesem weggeworfenen Kadaver irgendeine Hilfe oder eine äußerliche Geste der Unterstützung? Nein, einen Konsul suchte ich damals, einen Konsul, sage ich, allerdings nicht den, den ich in diesem kastrierten Schwein nicht hätte finden können, einen, der den Staat in einer so gefährlichen Situation mit seiner Würde und seiner politischen Expertise hätte schützen können.

Ein Konsul sollte ständig präsent sein. Und Piso? Er taucht stattdessen, schenkt man Cicero Glauben, in eine private Welt körperlichen Vergnügens ab, die mit der gravitas, *»Würde«, führender römischer Beamten gar nichts mehr zu tun hat.*

Wozu soll ich hier die Schmausereien jener Tage breit darstellen, wozu deinen Spaß und deine Selbstbeglückwünschung, wozu die übelst maßlosen, ausgedehnten Sauftouren mit deinen Kumpanen aus dem dreckigsten Milieu? Wer hätte dich an jenen Tagen nüchtern gesehen, irgendetwas tun, das eines freien Menschen würdig gewesen wäre, ja überhaupt in der Öffentlichkeit? Damals, als das Haus deines Kollegen von Gesang und Schlagzeugklängen widerhallte und er selbst nackt beim Gastmahl tanzte, wobei er, als er seinen Tanzreigen vollführte, nicht einmal in diesem Augenblick das Rad der Fortuna fürchtete. Unser Freund Piso hier, kein so gefällig anzusehender Schwelger und nicht so komisch veranlagt, lag da im stinkenden Mist seiner griechischen Freunde. Kein Mensch kann sagen, ob der Kerl dabei mehr gesoffen oder gekotzt oder ausgeschüttet hat. Du aber – wirst du trotzdem noch von »deinem Konsulat« sprechen oder zu behaupten wagen, du seist Konsul in Rom gewesen?

An einen echten Konsul werden andere Ansprüche gestellt. Nie hat Piso auch nur im Entferntesten diese Ansprüche erfüllen können.

Wen wird man noch als Räuber bezeichnen, wenn man euch beide »Konsuln« nennt, wen als Plünderer, wen als Staatsfeind, wen als Verräter, wen als Tyrannen? Konsul – das ist ein großer Begriff, eine große Erscheinung, eine große Würde, eine große Erhabenheit. Die Enge deiner Brust wird ihm nicht gerecht, nicht dein ganzes Wesen als Leichtmatrose, nicht die Armut deines Geistes. Nicht kann deine Charakterschwäche, nicht deine Maßlosigkeit im Glück eine so bedeutende, eine so würdevolle, eine so ernste Rolle ausfüllen.

Von 57 bis 55 v. Chr. war Piso als Proprätor Statthalter der Provinz Makedonien. Viele Statthalter bereicherten sich in dieser Funktion schamlos. Da lag der Griff ins übliche Polemik-Arsenal nahe, auch wenn man gar keine Beweise hatte …

Was hast du mit deinem Imperium, deinem Heer, mit der konsularischen Provinz angestellt? Was er angestellt hat, frage ich? Sobald er dorthin gekommen war, hat er unverzüglich – ich erinnere noch nicht an seine Raubzüge, nicht an die eingetriebenen, nicht an die geraubten, nicht an die eingeforderten Geldsummen, nicht an die Hinrichtung von Bundesgenossen, nicht an die Ermordung von Gastfreunden, nicht an seine Treulosigkeit, nicht an seine Unmenschlichkeit, nicht an seine Verbrechen; bald schon werde ich mich, wenn es mir passend erscheint, mit ihm wie mit einem Dieb, einem Tempelräuber, einem Meuchelmörder auseinandersetzen.

Das wichtigste Ziel der rhetorischen Invektive ist es, den diskreditierten Gegner zu isolieren, ihn zu einem Feind ›aufzubauen‹, der sich durch sein Verhalten selbst aus der Bürgergemeinschaft herauskatapultiert hat. Diese Isolation kann man auch herbeireden:

Daran weide ich mich, darüber freue ich mich, das genieße ich geradezu, dass dieser Stand (der Senat) über euch beide nicht anders denkt als über die aggressivsten äußeren Feinde, dass euch die römischen Ritter, dass euch alle anderen Stände, dass euch die gesamte Bürgerschaft hasst, dass es keinen anständigen Menschen, ja keinen Mitbürger gibt, sofern ihm nur klar ist, dass er Mitbürger ist, der euch nicht mit den Augen aus dem Wege ginge, der euch nicht mit den Ohren zurückwiese, der euch in seinem Inneren nicht verachtete, ja der nicht schon bei der bloßen Erinnerung an euer Konsulat erschaudern würde. Was mich angeht, so habe ich euch das stets gewünscht, das habe ich ersehnt, darum habe ich gebetet.

Piso hatte offenbar behauptet, er habe für seine militärischen Leistungen keinen Triumphzug angestrebt; für einen Epikureer wie ihn zähle Ruhm nicht. In einem senatorischen Ambiente, wo Ehrgeiz, Ruhm und Ehre als zentrale Kategorien galten, war das eine wenig glaubwürdige Behauptung. Entsprechend wüst nimmt Cicero sie auseinander:

Aber ihr habt, Senatoren, die Stimme eines Philosophen gehört. Er hat bestritten, jemals auf einen Triumph erpicht gewesen zu sein. Du Verbrecher, du Seuche, du Schandfleck! Als du den Senat ausgelöscht hast, die Autorität dieses Standes verhökert hast, dein Konsulat einem Volkstribunen zur Verfügung gestellt hast, den Staat vernichtet hast, meinen Kopf und mein Leben für den Lohn einer Provinz verraten hast – wenn du da nicht auf einen Triumph scharf warst, dann wirst du uns sicher verraten, wonach es dich dabei so brennend verlangt hat?

›Niedere‹ Abstammung und ›fragwürdiger‹ sozialer Hintergrund der Familie waren beliebte Gemeinplätze der Invektive. Auch Cicero greift in diese untere Schublade der Verunglimpfung:

Du Dunkelmann, du Dreckstück, du Schmutzfink! Hast du vergessen, wer dein Vater war, kennst du deine Mutter kaum noch? Eine gebrochene Existenz bist du, ein Subjekt von ganz, ganz unten, im Dreck steckend, sogar noch deutlich niedriger, als es zu dem Ausrufer aus Mailand, deinem Großvater, zu passen scheint.

Es folgt ein weiterer Anlauf, Piso als Außenseiter und Hassobjekt zu desavouieren:

Der Senat hasst dich – zu Recht, wie du selbst zugibst – als Zerstörer und Vernichter nicht nur seiner Würde und Autorität, sondern überhaupt des ganzen Standes und seines Namens. Die römischen Ritter können deinen Anblick nicht ertragen; aus diesem Stand ist ein ganz hervorragender und angesehener Mann, Lucius Aelius, unter deinem Konsulat in die Verbannung geschickt worden; die römische Plebs will dich zugrunde gerichtet sehen, denn zu deren Schande hast du alles, was du mir mithilfe von Räubern und Sklaven angetan hast, abgeladen. Ganz Italien verwünscht dich, denn du hast in hochmütigster Weise seine Beschlüsse und Bitten zurückgewiesen. Riskiere nur diesen riesigen allgemeinen Hass, wenn du es wagst!

Piso ist für Cicero zum einen ein Verbrecher, zum anderen aber auch ein spießiger Kleinbürger, ein schmieriger Geselle ohne Lebensart. Das Savoir-vivre eines kultivierten aristokratischen Lebensstils geht ihm völlig ab:

Es gibt nichts Verschwenderischeres als diesen Typen. Gewiss, jede Verschwendungssucht ist lasterhaft und schändlich; aber es gibt eine Form der Luxussucht, die eher zu einem frei geborenen und freien Menschen passt. Bei dem hier ist nichts vornehm, nichts elegant, nicht einmal irgendetwas sehr kostspielig außer seinen Begierden. Kunstwerke aus getriebenem Edelmetall? Fehlanzeige! Riesige Schüsseln, aber nur tönerne aus Placentia, damit es nicht so aussieht, als verachte er seine Landsleute; sein Tisch nicht angehäuft mit Austern oder Fisch, sondern mit Mengen von angegammeltem Fleisch. Schmuddelige Sklaven bedienen da, einige sogar alte Männer; Koch und Türwächter sind derselbe, kein eigener Bäcker im Haus, keine Vorratskammer, Brot und Wein aus dem Tante-Emma-Laden und aus der Kufe; fünf Griechen auf jedem Sofa gestapelt, oft noch mehr, und er selbst liegt allein beim Essen. Gesoffen wird so lange, bis vom Bodensatz eingeschenkt wird. Wenn er den Hahnenschrei hört, denkt er, sein Großvater sei wieder lebendig geworden; dann hebt er die Tafel auf.

Piso steht, wenn man Cicero hört, vor den Trümmern seiner Existenz. Er hat sein Leben förmlich in den Sand gesetzt. Alle sind von ihm abgerückt, alle wünschen ihm die Pest an den Hals:

Wer hält dich noch des Umgangs, wer irgendeiner Ehre, wer überhaupt nur einer gemeinsamen Aufwartung am Morgen für würdig? Alle sind bemüht, die Erinnerung an dein Konsulat, deine Taten, deinen Charakter, ja dein Gesicht und deinen Namen vom Staat fernzuhalten. Die Offiziere, die mit dir zusammen waren, sind von dir abgerückt, die Militärtribunen zu deinen Feinden geworden, die Zenturionen und die Soldaten, falls von einem so großen Heer noch welche übrig sind, sind von dir nicht entlassen, sondern weggejagt worden – sie hassen dich, sie wünschen dir die Pest an den Hals, sie verfluchen dich. ... Die römischen Bürger, die in den Gegenden dort (in seiner ehemaligen Provinz) Handel treiben, haben das Gefühl, dass du allein nur als ihr und der Verbündeten Plünderer, Quäler, Räuber und Feind gekommen bist.

Der Schluss zeichnet ein anschauliches Bild: Piso liegt am Boden. Nichts anderes hat Cicero gewollt. Und das genießt er:

Niemals habe ich nach deinem Blut gelechzt, niemals nach der äußersten Bestrafung durch das Gesetz und ein Gericht, das Böse und das Gute gleichermaßen treffen kann, aber so wollte ich dich sehen: verworfen, verachtet, von allen verschmäht, von dir selbst aufgegeben und verlassen, ängstlich, überall um dich blickend, in größter Furcht, wenn irgendwo etwas knarrt, ohne Vertrauen auf deine Lage; ohne Stimme, ohne Freiheit, ohne Einfluss, ohne irgendein Anzeichen dafür, dass du mal Konsul warst, schauernd, zitternd, alle umschmeichelnd. Und das habe ich zu sehen bekommen!

Fünf Jahre später wird dieses vermeintliche politische und menschliche Wrack zum Zensor gewählt werden – in das angesehenste Amt, das die römische Republik zu vergeben hatte.

Marc Anton im Geschosshagel: Ciceros Abrechnung mit einem weiteren Intimfeind

Sehen wir uns noch ein anderes Beispiel an: Ciceros *Philippische Reden.* Die 14 Reden sind in der Zeit zwischen September 44 und April 43 v. Chr. entstanden. Im März 44 war Caesar als ›Tyrann‹ von Verteidigern der Republik ermordet worden. Aber Marc Anton als starker Mann der Caesarianer spielte gleichwohl eine gewichtige Rolle in der römischen Innenpolitik. Der Tyrann sei beseitigt worden, echauffiert sich Cicero, nicht aber die Tyrannis. Alle 14 Reden sind leidenschaftliche Attacken auf Marc Anton, der nach Catilina, Clodius und Piso Ciceros vierte Hassfigur war. Als *Philippica* bezeichnet Cicero selbst seine rhetorischen Wutausbrüche – und stellt sich damit in die Nachfolge des großen Redners Demosthenes, der um die Mitte des 4. Jh.s v. Chr. kämpferische Reden gegen den Makedonenkönig Philipp II., den Vater Alexanders des Großen, gehalten hatte. Der ›römische Demosthenes‹ setzte, was Erbitterung, Polemik und Schmähungen angeht, noch einiges drauf. Die *Philippicae (orationes)* sind über weite Strecken Schlammschlacht- oder Sudelrhetorik. In vorderster Linie steht dabei die zweite *Philippica* – hier einige Passagen:[4]

Der Vorwurf, das Familienvermögen verprasst zu haben und in die Pleite geschlittert zu sein, wurde in Invektiven gern erhoben, um die Seriosität des Gegenspielers infrage zu stellen:

Bei der Bewerbung um die Auguren-Stelle seist du zu meinen Gunsten zurückgetreten, hast du behauptet. Was für eine unglaubliche Frechheit, was für eine bemerkenswerte Schamlosigkeit! Zu der Zeit nämlich, als mich das gesamte Collegium als Augur wünschte, … warst du zahlungsunfähig, und du glaubtest, aus dieser Pleite nicht herauszukommen, wenn nicht der Staat zugrunde gerichtet sei.

…

Ich beneide echt deinen Lehrer, der dir für so ein happiges Honorar beibringt, keine Ahnung zu haben.

…

Du warst dermaßen einfältig, dass du in deiner gesamten Rede nur gegen dich selbst gekämpft hast, denn du hast nicht nur unzusammenhängendes Zeug von dir gegeben, sondern auch extrem widersprüchliches. Es hat daher den Anschein, du kämpftest mehr gegen dich selbst als gegen mich.

Nicht aus Dreistigkeit redest du so schamlos daher, sondern weil du einfach nicht siehst, wie widersprüchlich das Zeug ist, das du von dir gibst. Du kapierst wirklich nichts!

…

Schlaf deinen Rausch aus, sage ich, werde erst mal nüchtern! Oder muss man erst mal eine Fackel herbeischaffen, um dich zu wecken, der du über einer so wichtigen Frage eingeschlafen bist? … Konzentriere dich ein bisschen und denk mal für einen Moment wie ein nüchterner Mensch nach!

Die Karriere eines ›verkommenen‹ Menschen beginnt meist sehr früh – das behaupteten jedenfalls Ankläger und führten diesen Punkt breit aus, um den Zuhörern aktuelle Vorwürfe gewissermaßen schmackhaft zu machen. Das probabile ex vita *nannte man diese Strategie; etwas ›aufgrund der Lebensführung (des Angegriffenen) glaubhaft machen‹:*

Willst du, dass wir genauer auf dich blicken, von Kindesbeinen an? Ich meine, schon. Fangen wir ganz vorn an! Weißt du noch, dass du im Knabenalter Pleite gemacht hast? Du wirst sagen: »Daran war mein Vater schuld.« Geschenkt! Die Verteidigung ist Ausdruck echter kindlicher Liebe. ... Dann hast du die Männertoga angelegt, sie aber sofort zur Frauentoga gemacht. Anfangs warst du eine Allerweltsnutte mit festgesetztem Tarif für dein unsittliches Gewerbe, und der war nicht niedrig. Aber schnell erschien Curio auf der Bildfläche. Er brachte dich von der Prostitution ab und packte dich, als hätte er dir die Matronenstola angelegt, in eine stabile und dauerhafte Ehe. Nie stand ein gekaufter Lustknabe bei seinem Herrn so unter dem Pantoffel wie du bei Curio. Wie oft hat dich sein Vater rausgeschmissen, wie oft hat er Wachen aufgestellt, damit du nicht über seine Schwelle gingst! Trotzdem bist du im Schutz der Nacht, wie dein Trieb dich drängte und die Gier nach Lohn dich dazu trieb, über das Dach hineingeklettert! ... Aber kein Wort mehr über deine sexuellen Verfehlungen und Schandtaten! Es gibt noch andere, doch kann ich sie, wenn ich anständig bleiben will, nicht beim Namen nennen. Du bist umso feiner raus, als du Dinge mit dir hast machen lassen, die du von einem Gegner, der auf seine moralische Integrität hält, nicht zu hören bekommen kannst.

Die Andeutungen, in denen Cicero sich hier über ›unsägliche‹ sexuelle Ausschweifungen Marc Antons ergeht, sind mindestens so unappetitlich wie die vorangehende Schilderung seines jugendlichen ›Stricher‹-Lebens – ganz unabhängig von ihrem zweifelhaften Wahrheitsgehalt. Im eigentlichen Sinne unappetitlich aber ist das, was in dieser Zusammenstellung nun folgt. Cicero schildert geradezu genüsslich einen Vorfall, bei dem Marc Anton sich in aller Öffentlichkeit erbrochen hat:

Reden wir lieber von seiner unglaublichen Liederlichkeit! Mit deinem Riesenschlund, deinem Leibesumfang, deiner ganzen kräftigen Gladiatorenfigur hattest du auf der Hochzeit des Hippias so viel Wein gesoffen, dass du tags darauf vor den Augen des römischen Volkes kotzen musstest. Ekelhaft, wenn man so etwas mit ansehen muss, ja auch nur davon hören muss! Wenn dir das während des Essens bei deiner üblichen unmäßigen Sauferei passiert wäre – wer hätte das nicht für schimpflich befunden? Aber nein, vor dem versammelten römischen Volk, bei der Ausübung seiner Amtspflicht hat der Magister equitum, für den schon ein Rülpsen blamabel wäre, gekotzt und mit den nach Wein stinkenden Essensbrocken nicht nur seinen Schoß, sondern das ganze Tribunal vollgemacht.

Widerlich und degoutant in seiner ganzen Anschaulichkeit, was Cicero da beschreibt! Heutzutage würde in einer öffentlichen Rede allenfalls in Andeutungen auf das Ereignis Bezug genommen. Und in der Antike? Da zählte diese Passage zu den rhetorischen Highlights, die als Übungstexte für angehende Rhetoren genutzt wurden. Der berühmte Rhetorikprofessor Quintilian zitiert in seinem Hauptwerk *Institutio oratoria* keine Passage öfter. Er verwendet sie als Beweis- und Vorbildinstanz für den ›argumentativen‹ Aufbau, die Plastizität und die zahlreichen verwendeten rhetorischen Figuren. Marc Anton wird in rhetorisch formvollendeter Weise als – realer und als moralischer – Kotzbrocken vorgeführt. Neunmal greift Quintilian Motive aus der wüsten Invektive auf, die heute fast ein Fremdschämen auslöst. Man darf vermuten, dass er dieses fiese ›Kabinettstückchen‹ auswendig konnte.

Das aus heutiger Sicht einzig Tröstliche ist, dass Cicero seine zweite *Philippica* nie wirklich gehalten hat. Er hat sie als Flugschrift konzipiert und herausgegeben. Möglicherweise ist sie auch erst nach Ciceros Tod publiziert worden.[5] Entwarnung also, was den mehr als rauen Umgangston im römischen Senat angeht? Keineswegs! Denn selbstverständlich hätte die Rede dort auch genauso gehalten werden können. Und ein spontaner rhetorischer Ausrutscher war sie erst recht nicht. Die Hatespeech ist wohlüberlegt, geradezu nüchtern am Schreibtisch entstanden oder von Cicero in den Griffel eines Sklaven diktiert worden.

Schlag und Gegenschlag: Sallust und Cicero im invektivischen Infight

Cicero selbst blieb von wenig gehalt- und geschmackvollen Invektiven nicht verschont. Auch andere kannten das Arsenal der scharfen rhetorischen Gemeinplätze in der doppelten Bedeutung des Wortes, deren ständige Wiederaufnahme aber offensichtlich zur politischen ›Kultur‹ der Römer in republikanischer Zeit gehörte. Mit Auszügen aus dem folgenden Redenpaar bekommen wir einen wohl ganz realistischen Einblick in das Muster ›Schlag und Gegenschlag‹. Elemente, die sich in Ciceros wüsten Invektiven finden, kommen auch hier vor: sexuelle ›Perversionen‹, schamlose Bereicherung, diktatorisches Verhalten und verbale persönliche Verunglimpfungen. Auch die eitle Selbstinszenierung Ciceros als Retter des Staates vor der Verschwörung Catilinas wird sarkastisch kritisiert: Der Nobody aus der

Provinz schwingt sich zum »Romulus aus Arpinum« (seiner Geburtsstadt) auf, ein hergelaufener Parvenü reiht sich vermeintlich in die lange, ehrwürdige Tradition berühmter Adelsgeschlechter ein. Da war – im Unterschied zu den konventionellen Polemik-Motiven – sicher ein empfindlicher Punkt angesprochen, ebenso wie bei Ciceros Lavieren auf dem politischen Parkett, seinem Taktieren und seiner Advokatenmentalität.

Das politische Umfeld der Rede ist das Jahr 54 v. Chr. Als Verfasser wird der Historiker Gaius Sallustius Crispus genannt, der unter anderem durch seine historischen Monographien über die Catilinarische Verschwörung und den Jugurthinischen Krieg bekannt geworden ist – wie Cicero als *homo novus* ein Aufsteiger in die politische Klasse Roms. Der Streit um die Urheberschaft Sallusts wird seit Jahrhunderten geführt. Die meisten Philologen gehen heute davon aus, dass Sallust *nicht* der Verfasser ist, sondern dass es sich bei der Invektive gegen Cicero um das Werk aus einer Rhetorenschule handelt.

Das gilt auch für die scheinbar direkte Antwort Ciceros auf die Attacke. Auch sie greift in gehässiger Weise übliche Motive der »Tadelrede« (*vituperatio*) auf. Man ist froh, dass der Verfasser weitere ›Enthüllungen‹ nur andeutet und seine Rede beendet, weil ihm angeblich der Anstand verbiete, diese Ungeheuerlichkeiten auch nur in den Mund zu nehmen. Da kann man sich einiges ausmalen, tatsächlich aber ist es nur das Schluss-Crescendo, das die Phantasie der Zuhörer mit wahrhaft Unsäglichem ›anstupst‹. Ein wirkungsvoller, aber ziemlich fieser Griff in die rhetorische Trickkiste, doch keine echte Überraschung, da das Fiese als Tenor beide Reden durchzieht.

Der dokumentarische Wert der beiden Invektiven ist ganz unabhängig von der Frage ihrer Echtheit. Auch und gerade Übungsreden orientieren sich an dem üblichen Comment. Der Verfasser überlegt, was im Senat hätte gesagt werden können – und er kannte sich zudem gut in Ciceros und Sallusts Werken aus. Richtschnur war dabei, was tatsächlich bei manchen Gelegenheiten im Senat gesagt wurde. In modernen Parlamenten zögen derart verleumderische Angriffe einen Ordnungsruf nach dem anderen nach sich – und auch den zeitweiligen Ausschluss der hetzenden Abgeordneten von der Sitzung. Im römischen Senat dagegen gehörten solche Rededuelle, in denen kräftig mit Dreck geworfen wurde, zur Normalität – wenn auch nicht gerade zum guten Ton.

Aus der Rede Sallusts:[6]

Es wäre schwer für mich, deine Schmähungen mit Gelassenheit zu ertragen, Marcus Tullius, wenn ich nicht wüsste, dass sich deine Unverschämtheit weniger mit deinem Urteilsvermögen als mit deiner Geisteskrankheit erklärt. Aber da ich bei dir weder Maß noch Zurückhaltung erkenne, werde ich dir antworten, damit, falls du irgendein Vergnügen bei deinen Beschimpfungen empfunden hast, es dir vergeht, wenn du so etwas über dich selbst hörst.

Allüberall tritt Marcus Tullius als Verteidiger der Gesetze, der Gerichtshöfe und des Staates auf, und hier im Senat verhält er sich so, als wäre er als Einziger aus der Familie des hochberühmten Scipio Africanus übrig und wäre nicht bloß eine Art Findelkind, hergelaufen und erst kürzlich als Neubürger in diese Stadt aufgenommen.

Liegt das, was du tust und sagst, Marcus Tullius, etwa im

Dunkeln? Oder hast du nicht vielmehr von Kindheit an so gelebt, dass du für deinen Körper nichts schändlich fandest, was einem anderen Spaß machte? Oder hast du nicht zweifelsfrei deine maßlose Beredsamkeit bei Marcus Piso gründlich erlernt, indem du deine Keuschheit aufgegeben hast? Deshalb braucht man sich überhaupt nicht darüber zu wundern, dass du deine Redekunst, die du auf schimpflichste Weise erworben hast, in schändlicher Weise verschacherst.

Aber der Glanz deines Hauses, glaube ich, hält dein Ego hoch: deine lasterhafte, in Meineidaffären verstrickte Ehefrau und deine Tochter, Nebenbuhlerin der eigenen Mutter, dir angenehmer und willfähriger, als es einem Vater gegenüber angemessen ist. Selbst dein Haus hast du mit Gewalt und Raubzügen erworben, dir und deiner Familie zum Verhängnis – klar, damit du uns in Erinnerung riefest, wie pervers die Situation ist, da du Oberschurke in einem Haus wohnst, das einst dem berühmten Publius Crassus gehört hat. Wer kann Zweifel daran hegen, dass du dir deinen ganzen Reichtum aus dem Blut und Unglück deiner Mitbürger verschafft hast?

Ein durch und durch charakterloser Mensch ist das, kriecherisch gegenüber seinen Feinden, schmähsüchtig gegenüber seinen Freunden, mal Anhänger der einen politischen Richtung, mal Anhänger der anderen, loyal gegenüber niemandem, als Senator ein Leichtgewicht, als Rechtsanwalt ein gedungener Söldner.

Kein Teil seines Körpers ist von Schande frei, nicht seine prahlerische Zunge, nicht seine räuberischen Hände, nicht sein unersättlicher Schlund, nicht seine stets zur Flucht bereiten Füße – und ganz und gar ohne Anstand das, was man mit Anstand nicht in den Mund nehmen kann.

Musst du auch noch unsere Ohren mit deiner unausstehlichen Art belasten, uns auch noch mit deinem absolut nervigen Gerede zusetzen? »Waffen sollen der Toga weichen, der Kriegslorbeer weiche der Rede« (lobst du dich selbst). Als wenn du in der Toga und nicht mit Waffengewalt das zustande gebracht hättest, dessen du dich rühmst, und als hätte es zwischen Sulla und deiner Diktatur irgendeinen Unterschied gegeben außer der Bezeichnung für eure jeweilige Herrschaft!

Ich bitte dich, du Romulus aus Arpinum, der du mit deiner herausragenden Tüchtigkeit alle Paulier, Fabier und Scipionen übertroffen hast – welchen Platz nimmst du nun eigentlich in dieser Bürgerschaft ein? Auf welcher politischen Seite stehst du? Wen hast du zum Freund, wen zum Feind? Was den Staat angeht, so hast du eine Meinung im Stehen und eine andere im Sitzen. Die einen schmähst du, die anderen verfolgst du mit deinem Hass, du charakterloser Überläufer, und weder auf der einen noch auf der anderen politischen Seite genießt du Vertrauen.

Der attackierte ›Cicero‹ keilt zurück. Im ›argumentativen‹ Niveau unterscheidet er sich von seinem Angreifer kaum:[7]

Wer so lebt wie du, kann sich anders nicht artikulieren als du, und wer sich einer so ungewaschenen Sprache befleißigt wie du, kann im Leben nicht anständiger sein.

…

Insofern du mit so ungewöhnlicher Wut in unverschämter Weise meine Frau und meine Tochter angegriffen hast, die sich als Frauen leichter von Männern fernhalten als du als Mann von Männern, hast du es recht klug und kundig angestellt. Denn du hast nicht damit gerechnet, dass ich dir meinerseits sozusagen Dank insoweit abstatten würde, als ich mir von mir aus deine Angehörigen vorknöpfen würde. Denn du allein bietest genug Stoff für Angriffe, und bei dir zu Hause ist nichts schändlicher als du.

Heftig aber täuschst du dich, meine ich, wenn du geglaubt hast, mir gegenüber Neid aufgrund meines Vermögens zu schüren. Das ist nämlich viel geringer, als es mir eigentlich zustünde.

…

Um nun auf dich zurückzukommen, Sallust …: Was für eine Jugend hast du verlebt! Wenn ich die nämlich hier dargelegt habe, wird man leicht einsehen, aus welch frechem Knabenalter du als schamloser und dreister Kerl herausgewachsen bist. Nachdem der Lohn aus einer absolut unzüchtigen Verwendung deines Körpers für deinen unermesslichen Schlund nicht mehr ausreichen konnte und du zu einem Alter herangereift warst, in dem du mit dir machen ließest, was einem anderen Spaß machte, hast du dich durch unermessliche Begierden hinreißen lassen, an anderen das auszuprobieren, was du selbst für deinen Körper nicht als schändlich angesehen hattest. Es ist deshalb nicht leicht, Senatoren, herauszufinden, ob er durch seine unanständigen Körperteile mehr Geld verdient als verloren hat. Sein väterliches Haus bot er jedenfalls in schimpflichster Weise noch zu Lebzeiten seines Vaters zum Verkauf an.

…

Wir sind aufmerksam, was den Schutz der Keuschheit unserer Frauen angeht, aber wir sind nicht so hellwach, dass wir uns vor dir in Sicherheit bringen könnten. Deine Dreistigkeit kontert unser Bemühen aus.

…

Sallust gehörte nämlich dem politischen Lager an, in das

wie in einen einzigen Strudel alle Laster zusammengeströmt waren. Alles, was es an Schamlosen, an Wollüstlingen, an Vatermördern, an Tempelschändern und Junkies aller Art (oder: Schuldnern) in der Stadt gab, in den Landstädten, in den Kolonien, in ganz Italien, hatte sich da wie in Meerengen abgelagert.

Seine Provinz verwüstete er so, dass unsere Verbündeten in Kriegszeiten nichts Schlimmeres ertragen und erwartet haben, als sie in Friedenszeiten erleben mussten, solange der Kerl die Befehlsgewalt über Africa inferior hatte. Von da schöpfte er so viel heraus, wie er aufgrund von Schuldverschreibungen herüberbringen oder auf Schiffe stopfen konnte. Er schöpfte so viel heraus, Senatoren, wie er nur wollte.

...

Wer sich anschickt, gegen einen anderen zu reden, sollte selbst ohne Fehl und Tadel sein. Ganz sicher redet der schlecht, der die Wahrheit von einem anderen nicht hören kann. Du aber, du Schmarotzer aller Tische, du Lustknabe aller Schlafzimmer in deiner Jugend und nachher Ehebrecher, bist die Schande jedes Standes und eine Erinnerung an den Bürgerkrieg. Denn was könnten wir Schlimmeres ertragen, als dich wohlbehalten in diesem Senatorenstand zu sehen!

Ich will meine Rede beenden, Senatoren. Denn oft schon habe ich erlebt, dass diejenigen, die offen über die Schandtaten anderer sprachen, bei ihren Zuhörern mehr Anstoß erregt haben als die, die diese Schandtaten begangen hatten. Ich muss jedenfalls darauf achten, nicht das zu sagen, was Sallust zu hören verdient hätte, sondern nur das, was ich mit Anstand aussprechen kann.

DUMME, DICKE, SCHLAPPOHREN UND PLATTFÜSSE

Namen, die bezeichnen und zeichnen

Brutus hieß der Mann, der Rom im Jahr 509 v. Chr. die Freiheit vom monarchischen »Joch« brachte und der Legende nach der erste Konsul der neuen Republik war, und Brutus hieß der bekannteste der Attentäter, die Caesar an den Iden des März 44 v. Chr. als *dictator* und vermeintlichen neuen ›König‹ umbrachten. Für viele Römer waren die beiden Helden. Aber der Beiname, mit dem sie in die Geschichte eingegangen sind, ist wenig heroisch: Brutus ist der »Dumme«, der »Blödmann«. Das ist einer, der es nicht so richtig mitkriegt. Nun konnte man diesen Beinamen des Republikgründers noch damit ›rationalisieren‹, dass er ihm als Deckmantel für seine subversiven Machenschaften gegen den ›Tyrannen‹ zupasskam, weil er ihn als harmlosen Dummkopf auswies.[1] Beim Caesar-Mörder Brutus war eine solche Legendenbildung aber nicht mehr möglich. Er trug einfach einen wenig ansprechenden sprechenden Namen.

Damit teilte er das Schicksal zahlreicher Römer, denen ein wenig ehrenvolles Cognomen mit in die Wiege gelegt worden war. Namen dienen der Unterscheidung. Das heißt auf Latein *discrimen.* Im Deutschen hat das Fremdwort ›diskriminierend‹ allerdings eine negative Färbung. Diskriminierung wird meist mit Herabsetzung und negativer Stigmatisierung verbunden. Bei einer großen Zahl römischer Cognomina treffen beide Bedeutungen zusammen: Diese Namen bezeichnen ihren Träger nicht nur, sondern zeichnen ihn auch, und zwar in der Regel negativ. Es gibt einige wenige positive Ausnahmen: Cato ist der »Clevere«, Celer der »Schnelle«, Pulcher der »Schöne«, Lepidus der »Nette, Anmutige«, Frugi der »Ordentliche«. Damit ist die Positivliste weitgehend erschöpft; je nach Standpunkt könnte man noch Severus, der »Strenge«, hinzuzählen.

Daneben gab es eine Reihe von Beinamen, die physische Besonderheiten beschreiben und noch als relativ neutral gelten können: Longus entspricht dem deutschen Familiennamen »Lang«, Celsus dem deutschen »Groß«, Paullus dem weit verbreiteten deutschen Namen »Klein«, mit Vetus oder Seneca würde man einen deutschen Herrn »Alt« latinisieren, mit Barbatus einen Herrn »Bart«. Auch die Haut- bzw. Haarfarbe diente der individuellen Unterscheidung: Von Albus und Albinus, »weiß«, über Rufus und Rutilus, »rot«, bis zu Atellus, »dunkelfarbig«, und Niger, »schwarz«. Für »Lockenköpfe« gab es mit Cincinnatus und Crispinus gleich zwei Bezeichnungen.

Wenn so gar kein Hauch von Locken mehr da ist, kippt die entsprechende Charakteristik schon fast ins Negative. Das ist bei Calvus, Calvisius und Glabrio der Fall: »Glatzkopf«. Wenig feinfühlig erscheint auch die Benennung einer ganzen *gens* nach einem Ahnen, der sich durch auffällige körperliche Merkmale von ›normalen‹ Menschen abhob:

durch einen breiten Rücken (Dorsuo), einen großen Kopf (Capito) oder eine große Nase, wie sie ein Vorfahre des Dichters Ovid gehabt haben muss. Der hieß mit vollem Namen Publius Ovidius Naso. Publius, der Vorname (das *praenomen*), und Ovidius, der Familienname (das *nomen gentile*), waren normal, einen – später dann vererbten – Beinamen (das *cognomen*) musste man sich erst ›verdienen‹. Die meisten Menschen hatten *kein* Cognomen. Auch ein Nasica ist ein »Großnasiger«. Eine »platte Nase« hingegen verraten die Cognomina Silo und Silus. Hervorstehende oder schwülstige Lippen standen am Anfang des Beinamens Labeo; auffällige Zähne trugen ihrem Besitzer den Beinamen Brocchus oder Dentatus ein. Mit Bulbus, »Knolle«, wurde vermutlich eine entsprechende Nasenform ›geehrt‹.

Ein anderer bedeutender römischer Dichter verdankte sein Cognomen dem »Schlappohr« eines Ahnen: Quintus Horatius Flaccus, kurz »Horaz«. Und auch schielende Menschen wurden von derber Namensgebung nicht verschont: Paetus ist der leicht, Strabo der deutlich »Schielende«. Und Caecus ist der »Blinde«. Der berühmteste Träger des Namens war der legendäre Erbauer der Via Appia (312 v. Chr.). Er erblindete im Alter und ging als Appius Claudius Caecus in die Annalen Roms ein.

Auch vor den Füßen machte die cognominale Drastik nicht halt. Crassipes ist der »Dickfüßler«, Pansa bzw. Plancus der »Plattfüßler« und Scapula der »Klumpfuß«. Und erneut trifft es einen Großen der römischen Literaturgeschichte: Auch Titus Maccius Plautus zählte zu den »Plattfüßigen«. Wenig schmeichelhaft waren auch die Beinamen Ruga, »Runzel«, und Tubero, deren erste Träger durch irgendein gut sichtbares »Geschwür« entstellt waren. Während Macer, »dünn, mager«, wohl nicht als beleidigend gewertet wurde, war Quadratus, »untersetzt« (sozusagen so breit wie hoch) grenzwertig und Crassus alles andere als von Sympathie getragen. Das ist der »Dicke«, der »Fettsack«. Ob es für den berühmten Multimillionär Marcus Licinius Crassus, der zusammen mit Caesar und Pompeius im Jahr 60 v. Chr. das Erste Triumvirat bildete, tröstlich war, dass er auf jeden Fall finanziell »dick drinsaß«, wissen wir nicht.

Ähnlich stigmatisierend waren die Cognomina Arvina und Bassus, »fett, feist« bedeutete das eine, »dick, plump« das andere. Auch eine Behinderung beim Sprechen wurde gnadenlos zur Individualisierung genutzt: Blaesus ist der »Lispelnde« oder »Lallende«, Balbus der »Stotterer«. Geistige Einschränkungen wurden ebenfalls in Form von Beinamen ›bekannt gemacht‹: Varro ist der »Einfaltspinsel« – wobei das auf Marcus Terentius Varro, einen der größten Universalgelehrten Roms, so gar nicht zutrifft –, und Bucco der »Tölpel«. Lentulus, »ein bisschen langsam«, konnte man auf Verzögerungen im Bewegungsablauf oder im Kopf beziehen.

Wenig wohlwollende Vergleiche mit Tieren mussten sich Verres, Asina und Caninus gefallen lassen. Beim Ersten stand der »Eber«, das »Schwein«, Pate, beim Zweiten die »Eselin« und beim Dritten der »Hund«, der wahlweise als bissig oder schamlos negativ konnotiert war. Bestia, das »wilde Tier«, war auch nicht gerade ein ehrenvoller Beiname.

Charakterliche Mängel verbergen sich in den (ersten) Namensträgern von Calidus, »feurig, unbesonnen«, Rullus, »Grobian«, Imperiosus, »herrschsüchtig«, und Lurco, »Schlemmer, Wüstling«. Auf etwa der gleichen Stufe mit Lurco stand Gurges. Das ist der (unersättliche) »Schlund«,

und der stand metaphorisch für den »Schlemmer« und »Prasser«. Und natürlich hatten die Römer auch Beinamen für jemanden parat, der des Öfteren zu tief ins Glas schaute: Bibaculus und Bibulus weisen ihre Namensträger als »Trinker, Säufer« aus.

Bliebe noch das Cognomen des vielleicht bekanntesten Literaten lateinischer Zunge zu klären: Marcus Tullius Cicero. Das Cognomen leitete sich ab von *cicer*, »Kichererbse«. Als Ursprung vermutete man in historischer Zeit eine der Form der Kichererbse vergleichbare Einkerbung in der Nasenspitze des ›ersten‹ Cicero.[2] Halb so wild, könnte man denken, wenn ein kleiner Schönheitsmakel zum Ausgangspunkt eines Spitznamens wurde. Aber so harmlos war es nicht. Schon der erste Cicero sei wegen seines Beinamens kräftig verspottet worden, berichtet der griechische Autor Plutarch. Und der berühmte Cicero des 1. Jh.s v. Chr. sei, als er sich für eine politische Laufbahn entschieden habe, von guten Freunden geradezu bedrängt worden, sein Cognomen aufzugeben oder es zu ändern. Es werde seiner Karriere sonst im Weg stehen und seinen politischen Gegnern gewissermaßen kostenlose Munition bereitstellen, um ihn zu verulken. Mit jugendlichem Stolz, so Plutarch weiter, habe Cicero diese guten Ratschläge zurückgewiesen. Er werde den Namen Cicero berühmter machen als Scaurus und Catulus – »Klumpfuß« und »junger Hund« galten offenbar ebenso als Karriere-Hemmnisse.

Cicero wusste, worauf er sich einließ. Besonders in der hitzigen Polemik politischer Rhetorik verzichteten viele Redner keineswegs darauf, an sich ziemlich billige Treffer und Lacher zu erzielen, indem sie mit dem Namen ihres Gegners ›argumentierten‹. Auch Cicero selbst war nicht frei davon. Im Prozess gegen Verres, der Sizilien als Statthalter in übelster Weise drangsaliert und ausgebeutet hatte, widerstand er nicht der Versuchung, genüsslich auf der *nomen-est-omen*-Klaviatur zu spielen: Bei Antritt seines Statthalterpostens sei eine plötzliche Verwandlung vonstattengegangen – *ex homine factus est Verres*, »aus dem Menschen wurde ein *verres*, das heißt ein ›Schwein‹«. Eine Transformation zu seinem eigentlichen Wesen: *redit ad se atque ad mores suos*, »er kehrte zu sich selbst und seinem Charakter zurück«. An einer anderen Stelle bescheinigt Cicero dem Angeklagten: *Verres nomen suum comprobavit*, »das Schwein hat seinen Namen voll und ganz bestätigt«. Und auch das Wortspiel mit dem – etymologisch nicht verwandten – Verb *everrere* lässt sich Cicero nicht entgehen. *Everrere* heißt »ausfegen«. Verres kam Cicero zufolge nach Sizilien *ad everrendam provinciam*, »um die Provinz auszufegen«, das heißt, sie so auszuplündern, dass sie im Hinblick auf Wertsachen sozusagen besenrein war.[3]

Es ging aber noch eine ›Schublade‹ tiefer. Bei den Angriffen auf seinen ›Lieblingsfeind‹ Marc Anton macht Cicero auch vor dessen Schwiegervater nicht halt, um die ganze Sippe in Verruf zu bringen. Der hieß Marcus Fulvius Bambalio und war durch sein Cognomen als »Stotterer« geoutet. Eine »komplette Null« (*homo nullo numero*) sei dieser famose Schwiegervater als Teil eines vermeintlich »ruhmreichen Adelsgeschlechts«, ätzt Cicero in sarkastischer Weise. Wie man ja schon am Cognomen Bambalio sehe: »Nichts ist verachtenswerter als dieser Typ, dem das Stottern seiner Zunge und die Dumpfheit seines Geistes seinen schändlichen Beinamen eingetragen haben.«[4]

Auch in der rhetorischen Theorie werden die Verspottung und Verächtlichmachung von Gegnern anhand ihres Namens behandelt – wenngleich zurückhaltender als in der oratorischen Praxis. Wenn einer Cal(i)dus heiße, dann könne man daraus auf einen Heißsporn, ein feuriges Temperament und Unbesonnenheit schließen und entsprechend argumentieren, führt Cicero als Beispiel an.[5] Weitere Beispiele bringt er in seiner späteren Schrift *De oratore*.[6] Der große Rhetoriklehrer Quintilian erinnert in seinem umfassenden Standardwerk *Institutio oratoria* an diese Tricks, Cognomina zu ›Beweiszwecken‹ zu instrumentalisieren, äußert sich aber sehr zurückhaltend zu dieser Strategie. Dabei kämen oft genug »frostige Witze« heraus, warnt er[7] – ohne sich indes grundsätzlich davon zu distanzieren.

In den Redeschlachten der späten Republik war der Ton jedoch rauer und der Umgang mit politischen Gegenspielern rücksichts- und skrupelloser, wie wir in Kapitel 2 gesehen haben. Dass dabei ›negative‹ Cognomina häufig genug missbraucht wurden, um den Widersacher zu verulken, zu blamieren und ›niederzumachen‹, wie das heute umgangssprachlich heißt, lässt sich auch aus der Tatsache schließen, dass körperliche Gebrechen, geistige Unzulänglichkeiten und erst recht tatsächliche oder vermeintliche Charakterschwächen zu ›Jokes‹ missbraucht wurden. »Auch Hässlichkeit und körperliche Mängel bieten hübschen Stoff, um Witze zu machen«, lässt Cicero einen der Gesprächspartner in *De oratore* sagen. Allerdings müsse sich der Redner vor Übertreibungen hüten und dürfe sich nicht zum Clown machen.[8] Wo genau dabei die rote Linie verläuft, wird nicht ausgeführt. Natürlich hing es auch von den

Angeklagten, den Richtern, den Zuhörern und der jeweiligen Atmosphäre im Gericht ab, wie weit Redner da gingen oder gehen zu können glaubten. Dass sie ihre Spielräume weit auslegten und die Grenze in Richtung Menschenverachtung deutlich weiter vorgeschoben wurde, als es in heutigen Gerichtssälen der Fall ist, kann als sicher angenommen werden: Cognomina waren ein beliebtes Einfallstor für billige Späße und Polemik unter der Gürtellinie.

Aber war den Zuhörern die Bedeutung der Namen tatsächlich so bewusst, dass die Treffer überhaupt saßen? Wenn heute jemand ›Kurz‹ heißt, denken die wenigsten an eine kleine Person. Bei einem Weltklasse-Fußballer wie Philipp Lahm kam kaum jemand auf den Gedanken, ihn an seinem Namen zu ›messen‹. Diese etymologische Unbedarftheit lässt sich nicht so einfach auf das alte Rom übertragen. Manche Lehrer behandelten nämlich den Ursprung und die Bedeutung von Cognomina ausdrücklich im Unterricht.[9] Und spätestens wenn ein Redner, ein Witzbold oder persönlicher Feind die Aufmerksamkeit auf die ›eigentliche‹ Bedeutung eines Namens lenkte, wurden die Leute hellhörig. Selbst wenn das wenig freundliche ›Label‹ einem schon vor Jahrzehnten oder gar Jahrhunderten gestorbenen ›Ersttträger‹ aufgedrückt worden war, konnte man den Enkel oder Ururenkel damit noch treffen – weil sich ja gerade die Aristokratie auf ihre Familiengeschichte und die gentilizische Kontinuität eine Menge zugutehielt. Da konnte man die negative Erblast nicht einfach von sich abschütteln … und musste als Bibulus wohl oder übel mit dem Verdacht des Alkoholismus, als Rullus mit dem des ungeschliffenen Bauerntölpels oder als Gurges mit dem eines hemmungslosen Schlemmers leben. *Nomen est omen* ist so gesehen nicht zufällig ein lateinisches Sprichwort. Römer wussten und erfuhren es am eigenen Leib, dass Beinamen auch ein erhebliches Potential an Niedertracht boten.

Wobei der ›kleine Mann‹ hier endlich einmal im Vorteil war: Cognomina waren im Wesentlichen ein Phänomen der Oberschicht. Einfache Leute begnügten sich in aller Regel mit dem Vor- und Familiennamen – so dass man nicht schon von seinen Ahnen cognominal vorbelastet war, sondern etwa den Blödmann oder Säufer schon selbst ›geben‹ musste.

MACHT IHN FERTIG, DÄMONEN!

Aus der Welt der Fluchtafeln

Vergil ist als Dichter des römischen Nationalepos, der *Aeneis,* berühmt geworden. Zu seinem Œuvre gehören aber auch, wenngleich es Zweifel an der Echtheit gibt, die *Dirae.* Das sind »Verwünschungen«, die in literarischer ›Verpackung‹ daherkommen: in Hexameter gegossene Flüche gegen die Nutznießer gewaltsamer Landverteilungen und gegen das enteignete Land selbst. Da wird eine Drohkulisse entworfen, die, wenn sie Wirklichkeit würde, die Existenz der Neusiedler durchaus vernichten könnte: »Kraftlose Halme der Ceres sollt ihr in den Ackerfurchen bergen, blass sollen eure Weiden sein, gelblich und vor Hitze dürstend.« »Flammen sollen die Reben der Reihe nach ergreifen, Saaten sollen sie abweiden, Feuer soll sich breitmachen.« »Neptun soll auf die Felder wandern mit seinen Fluten und die Ländereien mit dichtem Sand überschwemmen.« »Überflutet, ihr unsteten Flüsse, die Felder; überall sollen die Ströme mit überschäumenden Wellen hineinfließen.« »Aus der trockenen Erde sollen plötzlich Sümpfe hervorquellen.«[1]

Demgegenüber sind magische Verfluchungstafeln ein

ganz anderes Kaliber. Sie lassen es an Deutlichkeit nicht fehlen, was der verfluchten Person widerfahren soll, welche Schmerzen sie – manchmal mit expliziter Nennung aller möglichen Körperteile – erleiden soll, und nicht selten wünscht man ihr den Tod an den Hals. Die Adressaten sind über- oder unterirdische Mächte, die Gottheit eines Heiligtums oder die Dämonen, die dort hausen, wo man die Täfelchen im Boden vergräbt. Diese *tabulae* waren häufig aus dem ›kalten‹ Metall Blei, zusammengerollt oder gefaltet und mit Kursivbuchstaben beschriftet, um magische Formeln ergänzt.

Die Lesung der Texte ist streckenweise unsicher; das liegt am schlechten Erhaltungszustand, aber auch an den schlechten Sprachkenntnissen der Verfasser. Ihr Latein weist manche Schwächen auf; von literarischen Ansprüchen sind die Fluchtafeln weit entfernt. Vor Wiederholungen scheuen sie sich nicht. Im Gegenteil, sowohl der Fluch als auch die verfluchte Person finden sich häufig mehrmals auf engem Raum – damit der um Hilfe gebetene Dämon die ›Botschaft‹ bloß nicht überhört. Manchmal wurden den Bleiblechen auch eine Art Voodoo-Puppen beigegeben, wenige Zentimeter große menschengestaltige Figürchen aus Wachs, Ton oder Metall, mit dem Namen des Verfluchten beschriftet und mit Nadeln an Körperteilen durchbohrt, denen besonders Übles widerfahren sollte.

Die Römer sprachen von *devotiones*, »Verfluchungen«. Heute spricht man von *defixiones*. Dieses Substantiv leitet sich vom Verb *defigere* ab, »jemanden unbeweglich machen, bannen«. Tatsächlich hofften die Verfasser (seltener auch Verfasserinnen) der Fluchtafeln darauf, Konkurrenten, Nebenbuhler oder Prozessgegner gewissermaßen bewegungsunfähig zu machen, sie vollständig in ihrer Aktivität zu hemmen und sie damit zu beherrschen bzw. von den zu Hilfe gerufenen Dämonen beherrschen zu lassen: ein Schadenzauber, der die Verzauberten geradezu festband.

Diese Form des Schadenzaubers praktizierten schon die Griechen; rund zwei Drittel der bisher in Gräbern, Brunnen, Tempelbezirken und im Umfeld von Circussen und Arenen entdeckten 1600 Fluchtafeln sind in griechischer Sprache verfasst. Lateinisch beschriftete Fluchtafeln haben sich in allen Regionen des Imperium Romanum erhalten; zurzeit sind knapp 400 lesbare *tabulae defixionum* bekannt. Thematisch werden sie gewöhnlich fünf Kategorien zugeordnet: *Defixiones amatoriae* betreffen einen Liebeszauber, bei dem die verzauberte Person gewonnen oder für bestimmte Beziehungen – etwa zu Nebenbuhlern – ›gesperrt‹ werden soll. *Defixiones agonisticae* beziehen sich auf den im weitesten Sinne ›sportlichen‹ Bereich: Wagenlenker, Gladiatoren und Tierkämpfer. Einzelne Protagonisten des Showbusiness werden verflucht, darunter auch zahlreiche Leitpferde von Viergespannen gegnerischer Rennställe. Fast 400 Pferdenamen sind auf diesen Täfelchen überliefert. Flüche gegen Prozessgegner – *defixiones iudiciariae* – versuchten, die andere Partei zu schädigen, etwa indem man ihr Sprachlosigkeit vor Gericht an den Hals wünschte. Eine vierte Gruppe betrifft Verwünschungen gegen Diebe. Ihnen werden schlimme Strafen in Aussicht gestellt – wenn sie den geklauten Gegenstand nicht zurückbringen. Unter den angedrohten Sanktionen findet sich allerlei Skurriles: Häufig wird den Langfingern andauernde Schlaflosigkeit gewünscht, aber auch, dass sie nicht mehr stehen, liegen, sitzen oder zur Toilette gehen können. Eine sehr kleine Gruppe schließlich wendet sich gegen Verleumder (*calumniatores*).

Seit der Erstpublikation der bekannten Fluchtafeln durch den französischen Altertumswissenschaftler Auguste Audollent im Jahr 1904 sind zahlreiche Exemplare hinzugekommen. Die Forschung hat sich der *tabulae defixionum* intensiver angenommen, als das angesichts einer so ›unklassischen‹ Textsorte zu erwarten gewesen ist – vermutlich weil die Inhalte auch von großer religionsgeschichtlicher Bedeutung sind. Im Jahr 2008 hat Amina Kropp ein »aktuelles Corpus lateinischer Fluchtafeln« herausgegeben – jeweils mit einer philologisch exakten Transkription und einem ›Lesetext‹, der eine flüssige Lektüre ermöglicht.[2] Die im Folgenden präsentierten *defixiones* folgen Kropps Nummerierung, die in Klammern aufgeführt wird; genannt wird außerdem der Fundort. An einigen Stellen muss die Übersetzung unsicher bleiben, weil der lateinische Text verderbt, lückenhaft oder unverständlich ist bzw. einzelne sonst nicht belegte Ausdrücke aufweist.

Fluch gegen einen Prozessgegner (Kempten; 7.2/1)

Mutae Tacitae, ut mutus sit Quartus, agitatus erret ut mus fugiens aut avis adversus basyliscum, ut eius os mutum sit. Mutae, mutae dirae sint, mutae tacitae sint, mutae. Quartus ut insaniat, ut Erinyis rutus sit et Quartus Orco. Ut mutae tacitae, ut mutae sint ad portas aureas. Quartus soll stumm sein; aufgescheucht soll er herumirren wie eine Maus auf der Flucht oder wie ein Vogel vor einer (viel besuchten) Basilica, und sein Mund soll stumm sein. Die Mutae[3] sollen unheilvoll (für ihn) sein! Die Mutae sollen stumm sein!

Mutae! Quartus soll dem Wahnsinn verfallen; er soll zu den Rachegöttinnen und zum Orcus fortgerafft werden! Die Mutae Tacitae sollen bei den goldenen Pforten stumm sein.

Fluch gegen zwei Prozessgegner (aus einem Grab bei Chagnon, Frankreich; 4.3.1/1)

Denuntio ... Lentino et Tasgillo, uti adsint ad Plutonem et ad Proserpinam hinc abeant. Quomodo hic catellus nemini nocuit, sic ... nec illi hanc litem vincere possint. Quomodo nec mater huius catelli defendere potuit, sic nec advocati eorum eos defendere possint ...

Ich verkünde ... Lentinus und Tasgillus, dass sie bei Pluto und Proserpina sein sollen. Sie sollen hier verschwinden. Wie dieses Hündchen hier niemandem geschadet hat, so ... sollen auch sie diesen Rechtsstreit nicht gewinnen können. Wie die Mutter dieses Hündchens es nicht hat verteidigen können, so sollen auch ihre Anwälte nicht in der Lage sein, sie zu verteidigen ...

Verfluchung persönlicher Feinde (Prozessgegner?) (Bad Kreuznach; 5.1.4/4)

*Dis manibus hos voveo: Lucium Caelium, Caium Haeb ... et siquos alios hostes habeo. Neca illa nomina.*Den Totengöttern weihe ich die Folgenden: den Lucius Caelius, den Gaius Haeb ... und andere Feinde, die ich möglicherweise habe. Lösche ihre Namen aus!

Wider die Betrüger! (Uley, England; 3.22/34)

Tibi commendo qui mihi fraudem fecit de denariis quos mihi debebat. Seminudi, edentuli, tremuli, podagrici, sine cuiusque hominis misericordia … Ich überantworte dir[4] den, der mich hinsichtlich der Denare betrogen hat, die er mir schuldete. Halbnackt, zahnlos, zittrig, gichtkrank, ohne Mitleid seitens irgendeines Menschen (sollen die sein) …

Belohnung für den rächenden Dämon (Trier; 4.1.3/11)

Si tu Hostillam, quae e Racatia nata est, consumpseris, quae mihi fraudem fecit, deus, nos te, qui audisti, sacrificio colemus.

Wenn du die Hostilla, Tochter der Racatia, vernichtest, die mich betrogen hat, Gott, dann werden wir dich, der du uns erhört hast, mit einem Opfer ehren.

Gegen einen Kleiderdieb (Mérida, Spanien; 2.3.1/1)

Dea Ataecina Turibrigensis Proserpina, per tuam maiestatem te rogo, obsecro, uti vindices, quod mihi furti factum est; quisquis mihi immutavit, involavit, minusve fecit eas res, quae infrascriptae sunt:

tunicas VI, paenula lintea II, indusium I. Cuius nomen ignoro …

Göttin Ataecina Turibrigensis Proserpina, bei deiner Hoheit bitte und beschwöre ich dich, Rache zu üben für das, was mir gestohlen worden ist. Wer immer weggenommen, an sich gebracht, meinen Besitz geschmälert hat hinsichtlich der Sachen, die unten aufgeführt sind:

Sechs Tuniken, zwei Kapuzenmäntel aus Leinen, eine Übertunika. Den Namen dieser Person kenne ich nicht …

Gegen einen Schuhdieb (Itálica, Spanien; 2.2.4/1)

… *Quicumque caligas meas sustulit et solias, tibi, dea, demando, ut tu … illos persequaris.*

… Wer meine Stiefel und Sandalen weggenommen hat, den überantworte ich dir, Göttin, damit du … sie verfolgst und bestrafst.

Mantel zurück! Oder … (Bath, England; 3.2/10)

Docilianus Bruceri deae sanctissimae Suli devoveo eum, qui caracallam meam involaverit, si vir, si femina, si servus, si liber, uti eum dea Sulis maximo leto adigat nec ei somnum permittat nec natos nec nascentes, donec caracallam meam ad templum eius numinis pertulerit.

Docilianus, Sohn des Brucerus, ich gelobe der heiligsten Göttin von Sul, denjenigen als Opfer, der meinen Mantel gestohlen hat, ob es ein Mann ist oder eine Frau, ein Sklave oder ein freier Mensch. Die Göttin von Sul soll ihn in den schlimmsten Tod treiben, ihm keinen Schlaf mehr erlauben, und auch nicht seinen geborenen und ungeborenen Kindern[5], bis er meinen Mantel zum Tempel dieser Göttin zurückgebracht hat.

Rache für eine Gewandfibel (Bath, England; 3.2/1)

Qui mihi fibulam involavit, sic liquescat quomodo aqua …

Wer mir die Gewandfibel gestohlen hat, soll sich so verflüssigen wie das Wasser …

Blindheit für den Dieb! (Bath, England; 3.2/37)

Deae Suli … Non illi permittas nec oculos nec sanitatem, sed caecitatem orbitatemque, quoad vixerit, nisi haec ad fanum pertulerit.

Der Göttin Sul. … Erlaube ihm nicht Augenlicht und mentale Gesundheit, sondern (gib ihm) Blindheit und Kinderlosigkeit, solange er lebt, wenn er diese Sachen nicht zum Heiligtum zurückbringt.

Pinkelfluch (Bath, England; 3.2/33)

… diripuit, ut eorum pretium statuas et exigas hoc per sanguinem et sanitatem suam et suorum nec ante illos patiaris bibere nec manducare nec assellari nec meiere …

(Wer das) geraubt hat … (Ich will), dass du[6] einen Wert für diese Gegenstände festsetzt und ihn einforderst bei seinem Blut und seiner und seiner Angehörigen Gesundheit, und lass nicht zu, dass er vor denen trinkt oder isst oder Stuhlgang hat oder pinkelt …

Schluss mit allem! (Uley, England; 3.22/5)

Biccus dat Mercurio quod perdidit. Si vir, si mascel. Ne meiat, ne cacet, ne loquatur, ne dormiat, ne vigilet. Nec salutem nec sanitatem habeat, nisi in templum Mercurii pertulerit. Nec conscientiam de hoc furto perferat, nisi me intercedente.

Biccus gibt Merkur, was er verloren hat. Ob Mann oder Männchen. Er soll nicht pinkeln können, nicht kacken, nicht sprechen, nicht schlafen, nicht wach sein. Er soll keine Gesundheit und keine Seelenruhe haben, wenn er es nicht in den Merkur-Tempel zurückbringt. Und er soll sein schlechtes Gewissen wegen des Diebstahls nicht ertragen, außer wenn ich dazwischengehe.

Zerfressene Organe – wegen eines Ringleins (Bath, England; 3.2/76)

Basilia donat in templo Martis anellum argenteum, si servus, si liber, medius fuerit vel aliquid de hoc noverit, ut sanguine et luminibus et omnibus membris configatur vel etiam intestina excomesa omnia habeat is, qui anellum involavit vel qui medius fuerit.

Basilia schenkt im Mars-Tempel ein silbernes Ringlein. Ob Sklave, ob freier Mensch, Hehler oder einer, der irgendetwas darüber weiß, er soll an seinem Blut, an seinen Augen und allen seinen Gliedern durchbohrt werden, und er soll auch seine inneren Organe zerfressen haben: der, der den Ring geklaut hat oder der Hehler war.[7]

Alle schlechten Wünsche… (Trier; 4.1.3/16)

Tiberium Claudium, Trevirum, natione Germanum, libertum Claudii Similis. Rogo te, domina Isis, ut illi profluvium mittas et quidquid in bonis habet in morbum megarum.

Den Tiberius Claudius aus Trier, Germane von Geburt,

den Freigelassenen des Claudius Similis. Ich bitte dich, Herrin Isis, ihm Durchfall zu schicken und alles, was er an Gutem hat, zu einer schrecklichen (?) Krankheit.

Fieber in Steigerungsformen (Rom; 1.4.4/8)

Bona pulchra Proserpina, Plutonis uxor, sive me Salviam dicere oportet, eripias salutem, corpus, colorem, vires, virtutes Ploti. Tradas Plutoni, viro tuo, ne possit cogitationibus suis hoc vitare. Tradas illum febri quartanae, tertianae, cottidianae, quae cum illo luctentur, deluctentur, illum evincant, vincant, usque dum animam eius eripiant …

Gute, schöne Proserpina, Gattin des Pluto – vielleicht muss ich dich auch als Salvia ansprechen –, raube die Gesundheit, den Körper, die Farbe, die Kräfte und Fähigkeiten des Plotus. Übergib ihn Pluto, deinem Mann, damit er mit seinen Überlegungen diesem Fluch hier nicht entrinnen kann. Übergib ihn dem Fieber, das alle vier Tage kommt, das alle drei Tage kommt, das jeden Tag kommt. Diese Fieberschübe sollen mit ihm ringen, ihn fertigmachen, ihn ganz und gar besiegen, siegen, bis sie ihm seine Seele entreißen …

Tod dem Maultierdoktor! (Rom; 1.1.2/1)

Porcellus Porcellus mulomedicus, Porcellus medicus, mulomedicus. Interficite eum! Corpus, caput tenete, oculum. Mortuos facite Porcellum et Sillam uxorem ipsius.

Porcellus, Porcellus, Maultierveterinär, Porcellus, Arzt, Maultierarzt. Tötet ihn! Haltet seinen Körper, seinen Kopf fest, ein Auge! Macht tot den Porcellus und seine Frau Silla!

Porcellus zum Zweiten[8] (Rom; 1.1.2/3)

Porcellum Porcellum mulomedicum mulo Porcellum Porcellum mulo Porcellum mulomedicum. Interficite eum, occidite, enecate, praefocate Porcellum et malam Sillam, uxorem ipsius: anima, coratum, hepar.

Den Porcellus, Porcellus, Maultierveterinär, Maultier (?) Porcellus, Porcellus, Maultier (?), Maultierveterinär. Tötet ihn, bringt Porcellus und die böse Silla, seine Frau, um, quält sie zu Tode, erwürgt sie: Seele, Herz, Leber.

Fluch mit anatomischem Vokabular (Munturno, Italien; 1.4.1/1)

Dii inferi, vobis commendo, si quicquam sanctitatis habetis, ac trado Tychenem Charisii, quodquod agat, ut incidant omnia in adversa. Dii inferi, vobis commendo illius membra, colorem, figuram, caput, capillos, umbram, cerebrum, frontem, supercilia, os, nasum, mentum, buccas, labra, verbum, vultum, collum, iocur, umeros, cor, pulmones, intestina, ventrem, bracchia, digitos, manus, umbilicum, vesicam, femina, genua, crura, talos, plantas, digitos. Dii inferi, si illam videro tabescentem, vobis sanctum illud libens …

Götter der Unterwelt, ich überantworte euch, wenn ihr irgendeine heilige Kraft habt, und übergebe euch die Tychene, Tochter des Charisius. Was immer sie tut, alles soll unglücklich für sie ausgehen. Götter der Unterwelt, ich überantworte euch ihre Körperglieder, ihre Hautfarbe, ihre Gestalt, ihren Kopf, ihre Haare, ihre Schattengestalt, ihr Hirn, ihre Stirn, ihre Augenbrauen, ihren Mund, ihre Nase, ihr Kinn, ihre Wangen, ihre Lippen, ihre Rede, ihre Miene, ihren Hals, ihre Leber, ihre Schultern, ihr Herz, ihre Lungen, ihre Eingeweide, ihren Bauch, ihre Arme, ihre Finger, ihre Hände, ihren Nabel, ihre Blase, ihre Oberschenkel, ihre Knie, ihre Schienbeine, ihre Knöchel, ihre Fußsohlen, ihre Zehen. Götter der Unterwelt, wenn ich dann sehe, wie sie allmählich dahinsiecht, (stifte ich) euch gern jenes Heilige …

Kein Herz für Rhodine! (Rom; 1.4.4/3)

Quomodo mortuus, qui istic sepultus est nec loqui nec sermonari potest, sic Rhodine apud Marcum Licinium Faustum mortua sit nec loqui nec sermonari possit. Ita uti mortuus nec ad deos nec ad homines acceptus est, sic Rhodine apud Marcum Licinium accepta sit et tantum valeat, quantum ille mortuus, qui istic sepultus est. Dis pater, Rhodinem tibi commendo, uti semper odio sit Marco Licinio Fausto. Item Marcum Hedium Amphionem. Item Caium Popillium Apollonium. Item Vennoniam Hermionam. Item Sergiam Glycinnam.

So tot, wie der hier Begrabene ist und nicht mehr sprechen und sich unterhalten kann, so tot soll Rhodine bei Marcus Licinius Faustus sein und nicht mehr sprechen und sich unterhalten können. So tot und weder bei den Göttern noch bei den Menschen erwünscht er ist, so wenig erwünscht soll Rhodine bei Marcus Licinius sein und so viel wert sein wie der Tote, der hier begraben ist. Vater Dis (Pluto), ich überantworte dir Rhodine, damit sie bei Marcus Licinius Faustus stets verhasst ist. Desgleichen den Marcus Hedius Amphio, desgleichen den Gaius Popillius Apollonius, desgleichen die Vennonia Hermiona, desgleichen die Sergia Glycinna.

In Liebe und Sehnsucht gefesselt (Sousse, Tunesien; 11.2.1/8)

Adiuro per magnum deum et per Anterotas et per eum, qui habet accipitrem supra caput et per septem stellas, ut ex qua hora hoc composuero, non dormiat Sextilius, Dionysiae filius, uratur furens, non dormiat neque sedeat neque loquatur, sed in mente habeat me, Septimam, Amoenae filiam. Uratur furens amore et desiderio meo, anima et cor uratur Sextilii, Dionysiae filii, amore et desiderio meo, Septimae, Amoenae filiae …

Ich beschwöre den großen Gott und die Götter der verschmähten Liebe und den, der über seinem Kopf den Adler hat (Jupiter), und die sieben Gestirne: Von dieser Stunde an, in der ich das schreibe, soll Sextilius, Sohn der Dionysia, nicht mehr schlafen können; er soll wahnsinnig werden und innerlich verbrennen, er soll nicht schlafen, nicht sitzen und nicht sprechen können, sondern nur an mich, Septima, Tochter der Amoena, denken. Er soll brennen und wahnsinnig sein vor Liebe und Sehnsucht nach mir; Seele und Herz des Sextilius, Sohn der Dionysia, sollen sich in Liebe und Sehnsucht zu mir, Septima, Tochter der Amoena, verzehren …

Sturz-Parade von Wagenlenkern und Leitpferden (Sousse, Tunesien; 11.2.1/9)

Delicatianus, Capria, Volucer, Nervicus, Comes cadant; Dextroiugus, Novus cum Amando, Germanicus, Caelestinus, Comes cadant; Hilarinus, Polydromus, Delicatus, Maurusius, Salutaris cadant; Blandus, Profugus, Pretiosus, Ger-

manicus, Amor, Pelops, Zephyrus, Alcastrus, Clarus, Clarus cadant; Funarius, Novus cum Dario, Superbus, Tetrapla cadant; Blandus, Gemmatus, Attonitus prasini, Roseus, Salutaris cadant; Basilius, Nilus, Scintilla, Clarus cadant; Comes, Salutaris, Clarus cadant, frangantur, disiungantur, male gyrent, palmam vincere non possint.

Delicatianus, Capria, Volucer, Nervicus, Comes – sie sollen stürzen; Dextroiugus, Novus mit Amandus, Germanicus, Caelestinus, Comes – sie sollen stürzen; Hilarinus, Polydromus, Delicatus, Maurusius, Salutaris – sie sollen stürzen; Blandus, Profugus, Pretiosus, Germanicus, Amor, Pelops, Zephyrus, Alcastrus, Clarus, Clarus – sie sollen stürzen; Funarius, Novus mit Darius, Superbus, Tetrapla – sie sollen stürzen; Blandus, Gemmatus, Attonitus von der grünen Rennpartei, Roseus, Salutaris – sie sollen stürzen, Basilius, Nilus, Scintilla, Clarus – sie sollen stürzen; Comes, Salutaris, Clarus – sie sollen stürzen, sollen sich die Knochen brechen, sollen vom Rennwagen getrennt werden, sollen schlecht im Kreis laufen, sollen die Siegespalme nicht erringen können.

Nieder mit den Blauen und Roten! (Sousse, Tunesien; 11.2.1/12)

... Obligate et gravate equos veneti et russei, ne currere possint nec frenis oboedire possint nec se movere possint, sed cadant, frangantur, disfringantur et agitantes veneti et russei vertantur nec lora teneant nec agitare possint nec retinere equos possint nec ante se nec adversarios suos videant nec vincant, vertantur.

... Bindet und macht schwer die Pferde der blauen und

der roten Rennpartei, damit sie nicht laufen können, nicht den Zügeln gehorchen können und sich nicht bewegen können, sondern stürzen sollen sie, sich die Beine brechen, ganz und gar zusammenbrechen. Und die Wagenlenker der blauen und roten Partei sollen umkehren, die Zügel nicht halten können, nicht lenken können, die Pferde nicht zurückhalten können, weder vor sich etwas noch ihre Gegner sehen können, sie sollen nicht siegen, sie sollen umkehren.

Löscht den Tierkämpfer aus!
(Karthago, Tunesien; 11.1.1/22)

Occidite, exterminate, vulnerate Gallicum, quem peperit Prima, in ista hora in amphitheatri corona. ... Non liget ursum ... Obliga illi pedes, membra, sensus, medullam. Obliga Gallicum, quem peperit Prima, ut neque ursum neque taurum singulis plagis occidat neque binis plagis occidat neque ternis plagis occidat taurum, ursum. Per nomen dei vivi omnipotentis, ut perficiatis iam, iam. Cito, cito. Allidat illum ursus et vulneret illum.

Tötet, löscht aus, verwundet den Gallicus, Sohn der Prima, in dieser Stunde im vollbesetzten Amphitheater! ... Er soll den Bären nicht fesseln! ... Binde ihm die Füße, die Glieder, die Sinne und das Herz. Mach den Gallicus, den Sohn der Prima, bewegungsunfähig, damit er weder einen Bären noch einen Stier mit einem einzigen Schlag noch mit zwei oder drei Schlägen einen Stier oder Bären tötet. Im Namen des lebendigen allmächtigen Gottes (bitte ich), dass ihr das vollbringt; jetzt gleich, jetzt gleich. Schnell, schnell, der Bär soll ihn anfallen und ihn verwunden!

Total böse soll es ihm ergehen!
(Karthago, Tunesien; 11.1.1/25)

Bachachych, qui es in Aegypto magnus daemon, obliges, perobliges Maurussum venatorem, quem peperit Felicitas. Iechri, auferas somnum, non dormiat Maurussus, quem peperit Felicitas. Parpaxin, deus omnipotens, adducas ad domos infernas Maurussum, quem peperit Felicitas ... Deprehendatis et faciatis pallidum, maestum tristem ... mutum, non se regentem Maurussum, quem peperit Felicitas. In omni proelio, omni certamine evanescat, ruat Maurussus, quem peperit Felicitas. ... Vincere non possit, perversus sit, perperversus sit Maurussus, quem peperit Felicitas, nec laqueos possit super ursum mittere, non alligare ursum possit colligatum tenere omnino non possit. Manus illi et robur, pedes illi obligentur. Non possit currere, lassetur ..., animam et spiritum deponat. In omni proelio, in omnibus congressionibus depanetur, vapulet, vulneretur, vincatur et de manibus alienis inde figatur, trahatur. Exeat Maurussus, quem peperit Felicitas, desub amphitheatri corona facies ad terram. Iam, iam, cito, cito deprimite, defigite, perfigite, consumite Maurussum, quem peperit Felicitas, ut remisse ferarum morsus patiatur ... Tam tauros, tam apros, tam leones .... Maurussus, quem peperit Felicitas, occidere possit nullam feram.

Bachachych, der du in Ägypten ein großer Dämon bist, binde den Tierkämpfer Maurussus, Sohn der Felicitas, binde ihn voll und ganz. Iechris, nimm ihm den Schlaf, nicht soll Maurussus, Sohn der Felicitas, schlafen können. Parpaxin, allmächtiger Gott, führe Maurussus, den Sohn der Felicitas, zu den Palästen der Unterwelt. ... Packt den Maurussus, Sohn der Felicitas, macht ihn bleich, traurig, betrübt, … stumm, dass er nicht mehr Herr über sich ist. In jedem Kampf, in jeder Auseinandersetzung soll er sich auflösen, stürzen soll Maurussus, Sohn der Felicitas. Nicht soll er siegen können, böse soll es ihm ergehen, total böse dem Maurussus, Sohn der Felicitas. Er soll nicht in der Lage sein, Schlingen über den Bären zu werfen, den Bären zu fesseln, ihn gefesselt ganz und gar im Griff zu halten. Seine Hände, seine Kraft, seine Füße sollen blockiert werden. Er soll nicht laufen können, soll ermatten …, soll seinen Geist und seine Seele aushauchen. In jedem Kampf, in allen Auseinandersetzungen soll er zerfetzt (?) werden, soll Prügel beziehen, verwundet werden, besiegt werden und von fremden Händen erlegt und fortgeschleift werden. Maurussus, der Sohn der Felicitas, soll das vollbesetzte Amphitheater mit dem Gesicht zum Boden verlassen. Los, los, schnell, schnell, packt ihn, macht ihn starr, durchbohrt ihn, macht den Maurussus, Sohn der Felicitas, ein für alle Mal fertig, damit er ohne Gegenwehr die Bisse der wilden Tiere erträgt. … So Stiere, so wilde Eber, so Löwen …; Maurussus, Sohn der Felicitas, soll kein wildes Tier töten können.

CACATOR, CAVE MALUM!

Warnung vor Wildpinkeln und Schlimmerem

Zwar hatten nur wenige Menschen in ihren Wohnungen eine eigene Toilette, aber es gab öffentliche Latrinen, die man gegen einen bescheidenen Obolus, manchmal auch gratis aufsuchen und in die man auch seine *matella*, den »Nachttopf«, entleeren konnte – ein Requisit, das es in jedem Haushalt gab, das aber in vielen kulturgeschichtlichen Darstellungen zum alten Rom nicht vorkommt. Urinieren und Defäkieren im öffentlichen Raum war dagegen verständlicherweise wenig geschätzt und galt als unzivilisiert. Heutzutage sprechen wir vom ›Wildpinkeln‹; wer sich erwischen lässt, wird von den Ordnungsbehörden gern mal mit 50 € oder mehr zur Kasse gebeten. Solche Sanktionen kannte das römische Recht nur da, wo Wasser verschmutzt wurde, oder im Zivilrecht, wo ein Übeltäter schadenersatzpflichtig war, wenn er beispielsweise seine *matella* nachts in hohem Bogen aus dem Fenster entleerte und dabei Passanten schädigte. Aber Ferkel gab es überall, und deshalb versuchten manche Anwohner es mit Abschreckung: Mit groß gemalten Buchstaben warnten sie auf Hauswänden davor, sich auf dem Bürgersteig oder auf der Straße zu erleichtern.

CACATOR CAVE MALUM an einer Wand in Pompeji (oben links).

Fünfmal ist das Dipinto mit dem Standardtext bzw. leichten orthographischen Varianten in Pompeji entdeckt worden, und zwar durchweg in Nebenstraßen, die offenbar anfälliger für solche ›Versuchungen‹ waren als stark frequentierte Hauptstraßen: *Cacator, cave malum!*[1] – »Kacker, pass auf, dass es dir nicht schlecht ergeht!« Das angedrohte *malum* (»Übel«) wird von manchen Wissenschaftlern als böser Blick gedeutet, der dem *cacator* Unglück bringt. In einem Fall fehlt das End-m von *malum* (*cacator, cave malu*)[2] – durchaus eine in vielen Inschriften vorkommende Normalität, weil dieses -m nasaliert gesprochen wurde. Als Verschreibung ist ein *cavu malum, cacator!*[3] zu werten.

In einer Ausweitung des Droh-Instrumentariums verbündet sich der Dipinto-Schreiber mit göttlichen Helfern. Die oberste Instanz ist gerade gut genug, wenn es heißt: *Cacator, cave malum; aut si contempseris, habeas Iove(m) iratum*[4] – »Kacker, pass auf, dass es dir nicht schlecht ergeht oder dass du, wenn du die Warnung missachtest, Jupiter nicht erzürnst!« Übersehen konnte man *diese* Warnung nicht: Die Buchstabenfront ist 1,5 Meter hoch, und die gesamte Inschrift erstreckt sich über beachtliche 7,5 Meter.

Die freundlichere, pädagogisch wertvollere Alternative ist die gewissermaßen positiv verstärkende, mit einer Belohnung winkende Mahnung: *Cacator, sic valeas, ut tu hoc locum tra(n)sea(s)*[5] – »Kacker, es soll dir gut ergehen, sofern du an diesem Ort vorübergehst!« Das Ganze ist mit dickem schwarzem Rand schön eingerahmt, sozusagen ein als viereckiger Kasten gestaltetes Ausrufezeichen. Einziger Schönheitsfehler, der jedem unangenehm auffallen sollte, der mal *hic, haec, hoc* fleißig dekliniert hat: Statt *hoc* wäre *hunc* deutlich überzeugender, weil *locus* Maskulinum ist. Wer sich durch die derbe Anrede des Dipinto mit *cacator* verunglimpft fühlt, könnte in adäquat rüder Diktion zurückkeilen, dass sich da jemand wohl grammatisch gehörig ›verkackt‹ hat. *Unsere* Art ist das nicht.

Im dakischen Salona versuchte man es mit einer Kombination aus Zuckerbrot und Peitsche: *Quisquis in eo vico stercus non pos(u)erit aut non cacaverit aut non miaverit, is habeat istas (deas) propitias. Si neglexerit, viderit*[6] – »Wer in diesem Viertel keinen Mist ablädt, nicht kackt und nicht pinkelt, der soll diese (Göttinnen hier) gnädig haben. Wenn er sich nicht darum kümmert, wird er schon sehen.«

Ist es respekt- und pietätvoll, seine Notdurft an einem

Grab zu verrichten? Natürlich nicht, antworten wir empört. Und die meisten Römer sahen das nicht anders. Aber auf den großen Landstraßen wie der Via Appia gab es ein Problem: Kilometerlang zogen sich dort Gräber bis zu den Stadtmauern hin – nicht zuletzt weil so viele zu Fuß Reisende daran vorbeikamen, die man gern um einen Augenblick des Verweilens und des Gedenkens bat. Die Abfolge der Grabanlagen war indes so dicht, dass es für Straßennutzer keine Chance gab, sich an einem ›neutralen‹ Ort zu erleichtern. Was lag näher, als mal kurz hinter einem der häufig repräsentativ gestalteten Gräber zu verschwinden und sich dort einer Hinterlassenschaft zu entledigen, die die Verwandten der betroffenen Toten für, wie man heute sagt, wenig zielgerichtet hielten?

Nicht wenige Grabschützer setzten daher auf Abschreckung und gingen rhetorisch geradezu in die Vollen: *Qui hic mi(n)xerit aut cacarit, habeat duodecim deos superos et inferos iratos*, warnt eine Grabinschrift in Rom[7] – »Wer hier pinkelt oder kackt, soll sich den Zorn der zwölf über- und unterirdischen Götter zuziehen!« Ähnlich heißt es in einer bei den Titus-Thermen in Rom gefundenen Inschrift: *Duodecim deos et Deanam et Iovem Optumum Maximu(m) habeat iratos, quisquis hic mi(n)xerit aut cacarit*[8] – »Die zwölf Götter und Diana und den besten und größten Jupiter soll jeder gegen sich aufbringen, der hier pinkelt oder kackt.« Oder ist *deanam* eine Verschreibung für *deas*? Dann hätte der Übeltäter auch noch alle Göttinnen gegen sich.

Lediglich auf das ›Wild*pinkeln*‹ beziehen sich zwei eindringliche Bitten, ebenfalls aus Rom: *Ne quis hic urina(m) faciat*[9] – »Keiner soll hier Urin hinterlassen!« Und: *Hospes, ad hunc tumulum ne meias, ossa precantur*[10] – »Besucher, die Gebeine bitten dich darum, an diesen Grabhügel nicht zu pinkeln.«

In Pompeji haben sich die Verwandten einer gewissen Urtica sogar die Mühe gemacht, ihre Warnung in metrische Form zu bringen. Zwei elegische Distichen wenden sich an potentielle Grabschänder:

Hospes, adhuc tumuli ni meias ossa prec(antur),
Nam[11]*, si vis (h)uic gratior esse, caca!*
Urticae monumenta vides; discede, cacator!
Non est hic tutum culu(m) aperire tibi.[12]

Fremder, die Gebeine bitten dich, nicht an diesen Grabhügel zu pinkeln, / und, wenn du diesem hier noch gefälliger sein willst, kack nicht! / Du siehst das Grabmal der Urtica. Verschwinde, Kacker! / Hier ist es für dich nicht sicher, deinen Hintern zu öffnen.

Der Clou des Vierzeilers ist der sprechende Name der Toten. Urtica ist die »Brennnessel«. Wer hier also seinen »Hintern öffnet«, wird schon sehen, was Urtica mit ihm macht ...

Wie berechtigt die Sorge war, dass Schmutzfinken Gräber mit Urin und Exkrementen besudelten, lässt auch ein literarischer Beleg erkennen. Im Roman des Petron trifft der neureiche Trimalchio Vorsorge, dass man ihm diese Schmach später nicht zufüge: *Ceterum erit mihi curae, ut testamento caveam, ne mortuus iniuriam accipiam. Praeponam enim unum ex libertis sepulcro meo custodiae causa, ne in monumentum populus cacatum currat*[13] – »Im Übrigen werde ich dafür sorgen, dass per Testament darauf geachtet wird, dass mir als Totem kein Unrecht widerfährt.

Ich werde nämlich einen meiner Freigelassenen an meinem Grab als Wächter aufstellen lassen, damit die Leute nicht an mein Grabmal zum Kacken rennen.«

Und haben die warnenden Stimmen etwas bewirkt? Wir wissen es nicht; schriftliche Reaktionen auf die Bitten und Warnungen gibt es nicht – und auch nur wenige Graffiti, die sich ganz allgemein zum *cacare* ihrer Urheber bekennen. Kein Regelverstoß liegt jedenfalls bei einem erleichterten Seufzer des Apollinaris vor, seines Zeichens Arzt des Kaisers (Titus, reg. 79–81), wenn er der Wand einer Latrine in Herculaneum anvertraut: *Apollinaris ... hic cacavit bene* – »Apollinaris hat hier gut gekackt«.[14]

Auch aus dem folgenden, erst vor wenigen Jahren entdeckten Graffito spricht nicht Trotz, denn es fand sich ebenfalls in einer Latrine. Gleichwohl ist es ein nicht nur offenes, sondern auch schockierendes Bekenntnis: *Cacavi et culu(m) non extersi* – »ich habe gekackt und mir den Hintern nicht abgewischt«.[15]

Da wir schon bei Bekenntnissen in diesem heiklen Bereich sind, hier ein berühmtes Graffito aus Pompeji:

Miximus in lecto, fateor: peccavimus, hospes.
Si dices: quare? Nulla matella fuit.[16]

Wir haben ins Bett gepinkelt. Ich geb's zu, Gastwirt: Da haben wir einen Fehler gemacht. / Wenn du fragst: Warum? Es war kein Nachttopf da.

Bei den Bettnässern handelte es sich immerhin um gebildete Leute: Die Beichte ist im Metrum abgefasst. Ob das elegische Distichon den Wirt der Herberge nachsichtiger gestimmt hat, darf man freilich bezweifeln.

Bei dieser Gelegenheit ein kleiner Exkurs zum Thema ›Ausscheidungen‹: Das Ursprungswort des französischen *merde*, des italienischen und portugiesischen *merda* sowie des spanischen *mierda*, nämlich das lateinische *merda*, wartet mit einer Überraschung auf – es bezeichnete nur tierische Fäkalien, nicht menschliche. Die Begriffe dafür waren *stercus* und *fimus*; sie bezeichneten in ›anständiger‹ Alltagssprache den von Tieren und Menschen hinterlassenen »Mist« und »Kot«. *Foria* oder *forium* standen für die Hinterlassenschaft bei Durchfall; vornehmer sprach man da vom *fluxus ventris*, »Bauchausfluss«. Das entsprechende Verb war in derber Diktion das aus der Ammensprache mit ihrer typischen Reduplikation übernommene *cacare* (vgl. »Aa« im Deutschen). Umschreibungen waren das elliptische *deicere*, »runterwerfen«, sowie *emittere* und *egerere*, »ausscheiden«. *Sedere*, »sitzen«, war kein anstößiger Begriff; er findet sich häufig in medizinischen Abhandlungen. Wer sich gewählt ausdrücken wollte, umschrieb den Vorgang mit *secedere*, »sich zurückziehen«, und ähnlichen Verben.

So konnte man natürlich auch das Urinieren sprachlich umgehen. Wer es lieber direkt sagen wollte, verwendete die Verben *mingere* und *meiere*, »pinkeln« bzw. »pissen«. Beide entsprachen nicht gerade einem elaborierten Sprachcode, waren aber weniger vulgär als *cacare*. Auch die abgesonderte Flüssigkeit ließ sich mit *urina* und *lotium* in gepflegtem Latein bezeichnen. Dabei war *lotium* sogar ein Euphemismus, weil es sich vom Verb *lavare*, »waschen«, ableitete. Amerikaner könnten begeistert sein, dass *sie* da mal das ›Erbe‹ des antiken Rom angetreten haben: In *ihrem* Englisch ist der *washroom* ein ›elegantes‹ Synonym für eine öffentliche Toilette.

DER LISTIGE CHILON LEHRTE, LEISE ZU FURZEN

Philosophische Latrinenparolen

Im Jahr 1936 stießen die Ausgräber Ostias im Westen der Hafenstadt auf bemerkenswerte Fresken mit noch bemerkenswerteren Beischriften. In einem Thermenkomplex, der zuvor wohl Teil einer Gaststätte gewesen war, kamen Wandmalereien ans Licht, die die berühmten Sieben Weisen darstellten. Nur drei von ihnen sind erhalten. Sie sitzen auf Schemeln, halten einen kleinen Zeigestock in der Hand, der sie als Dozenten ausweist, und dozieren, wie man das von Philosophen erwartet. Die ›Sprüche‹ der Sieben Weisen waren berühmt: Gnomische Lebensweisheiten wie »Nichts im Übermaß!«, »Erkenne dich selbst!«, »Beherrsche den Zorn!« oder »Sei nicht reich durch Unrecht!«.

In Ostia sind die ihnen in den Mund gelegten ›Weisheiten‹ konkreter und handfester. Sie betreffen den Stuhlgang. Dem Athener Solon ist folgende Beischrift zugeordnet: *Ut bene cacaret, ventrem palpavit Solon* – »Um gut kacken zu können, streichelte Solon seinen Bauch«. Als Nächster hält Thales aus Milet einen klugen Rat bereit: *Durum cacantes monuit, ut nitant, Thales* – »Die hart Kackenden ermahnte Thales, feste zu drücken«. Inhaltlich in Ordnung, mögen Lateinlehrkräfte finden, aber sprachlich rümpfen sie die Nase: Von einem so gebildeten Ratgeber dürfte man doch eigentlich ein klassisch korrektes *niterentur* erwarten …

Weiter zum Spartaner Chilon. Er weiß, wie man sich zum Beispiel während einer Vorlesung zu benehmen hat, um nicht unangenehm aufzufallen: *Vissire tacite Chilon docuit subdolus* – »der listige Chilon lehrte, leise zu furzen«. *Vissire* ist in der schriftlichen Überlieferung antiker Texte nur ganz schwach bezeugt, dass es im gesprochenen Latein jedoch häufiger vorkam, zeigt sein romanisches Erbe: In der französischen *vesse* und in der italienischen *vescia* ist es nach wie vor präsent, und zwar als »leiser Furz«. Vielleicht wäre im Deutschen die Übersetzung »einen fahren lassen« für *vissire* angebrachter, weil sie das Klandestine des Vorgangs erahnen lässt.

Thales auf einer Wand in Ostia. Über ihm steht:
DURUM CACANTES MONUIT UT NITANT THALES.

Man muss die Verfremdung der Weisheiten nicht amüsant finden, aber originell ist diese Usurpierung der Sieben Weisen allemal. Wollte man die Geistesheroen auf diese Weise durch den Kakao ziehen? Eine solche satirische Absicht liegt nahe. Andererseits könnte man auch ein Bestreben erkennen, alltägliche körperliche Funktionen zu nobilitieren, indem man Tipps dazu philosophischen Ratgebern in den Mund legte. Das Derb-Vulgäre der Diktion wird gemildert und gesellschaftsfähig gemacht, indem man es zu zeitlosen Erkenntnissen der intellektuellen Creme der Antike ummünzt.

Die unsterblichen Philosophen oben, die einfachen Bürger, sozusagen die gemeinen *cacatores*, unten – diese Hierarchie spiegelt sich in der Freskenleiste darunter. Sie zeigt die Latrinenbesucher gewissermaßen im Büstenformat mitsamt ihren Kommentaren, was an einen Comicstrip erinnert.[1] Der mittlere Mann drängt: *Agita te, celerius pervenies* – »beweg dich doch, dann wirst du schneller fertig!« Sein rechter Nachbar nimmt den Rat an: *Propero* – »ich beeile mich.« Der linke Nachbar dagegen hält eine eigene Klo-Weisheit bereit: *Amice, fugit te proverbium: bene caca et irruma medicos* – »Mein Freund, du vergisst das Sprichwort ›Kack gut und scheiß auf die Ärzte!‹«. Im Englischen lässt sich das *irruma medicos* adäquater, weil sexuell konnotiert, mit *fuck the doctors* wiedergeben. Tatsächlich bedeutet *irrumare* »jemanden zur Fellatio veranlassen«, oder wie der *Georges*, das größte lateinisch-deutsche Wörterbuch, unvergleichlich transparent unter *irrumo* formuliert: *insero fascinum in os alterius*. Wohlgemerkt: Der *Neue Georges*, also die Neubearbeitung von 2013. Man könnte sich auch eine Geste des Latrinen-Weisen gegenüber den Ärzten vorstellen: den ausgestreckten Mittelfinger. Die verächtlich-aggressive Geste war schon den Römern bekannt: Der ausgestreckte Mittelfinger – oder, wie es der *Georges* wohl ausdrücken würde, der *digitus impudicus*, der »unzüchtige Finger« – drohte dem Gegenüber an, ihn zu penetrieren.

Unterhalb von Thales steht ein weiterer Kommentar, wobei die Zusammengehörigkeit der Aussage zweifelhaft ist: *Verbose tibi nemo dicit, dum Priscianus (u)taris xylospongium, nos (a)quas* – »Niemand spricht wortreich zu dir, während du, Priscianus, den Stockschwamm benutzt. Wir ... Wasser.« Das *xylospongium* war das übliche Reinigungsgerät für den Körperteil, mit dem sich das *cacare* verbindet. Aber was muss der klassikergeschulte Philologe da entdecken? *Uti*, »gebrauchen«, mit Akkusativ wie im Deutschen – statt mit Ablativ, wie es zu erwarten wäre!

Also – mit sprachlich-grammatischem Ruhm hat sich der Urheber der Klo-Sprüche nicht gerade bekleckert, und inhaltlich, na ja, haben wir eigentlich auch nichts Erhellendes dazugelernt – außer dass man das Repertoire der Sieben Weisen um Sprüche erweitern kann, die immerhin einen konkreten Anwendungsbezug haben und mit denen man nichts falsch macht. Und von den etwas schlichter gestrickten Latrinenbenutzern kann man zumindest lernen, wie man im Falle einer Toiletten-Knappheit oder -Überfüllung ordentlich Druck machen kann. Anwendungsbeispiel Pinkelpause, voller Reisebus, Autobahnraststätte: *Agita te, celerius pervenies!* Wie erleichternd, wenn es dann aus der Kabine zurückschallt: *Propero!* Allerdings ging diese Kommunikation in römischen Latrinen sehr viel direkter und persönlicher vonstatten: Es gab keine Trennwände zwischen den *consessores*, den »Mitsitzern«.

EICHELN, DIE VERLETZEN SOLLEN

Schleudergeschosse als psychologische Kriegsführung

Bomben mit sarkastischen Grüßen an den Feind zu beschriften, wurde im Zweiten Weltkrieg üblich. Die ›Tradition‹ hat sich bis heute erhalten: Soldaten stärken offenbar ihre eigene Kampfmoral, wenn sie solche Botschaften auf Vernichtungswaffen pinseln – die, wenn sie funktionieren, von ihren Adressaten gar nicht gelesen werden können. Auch Zivilisten, manchmal sogar Kinder, sah man auf Fotos schon solche ›Grüße‹ mit Verwünschungs-, Rache- oder zynischen Gute-Wünsche-Botschaften auf militärische Flugkörper malen.

Dieses Mittel der psychologischen Kriegsführung kannte schon das Altertum. Allerdings mit einem deutlichen Unterschied: Die Botschaften waren für ihre Empfänger lesbar (falls diese des Lesens kundig und zudem nicht tödlich verwundet worden waren). Die Träger dieser Grüße, die die Gegenseite verunsichern und demoralisieren sollten, waren sogenannte *glandes*, eichelförmige Bleigeschosse von 50–70 Gramm. Sie wurden mit Schleudern in feindliche Stellungen und Lager bzw. belagerte Städte geschossen. Geübte Schleuderer trafen ihre Ziele recht genau, und die Einschlagskraft war auch bei Entfernungen über 200 Meter so stark, dass sie dem menschlichen Körper schwere, nicht selten tödliche Verletzungen beibringen konnte. Die ›Sprüche‹ auf den ›Eicheln‹ sollten ihren Opfern andere – psychische – Verletzungen zufügen, doch schon die Geschosse an sich stellten wahre Terrorwaffen dar. Denn sie jagten unversehens und fast unsichtbar vom Himmel herab auf ihre menschlichen Ziele nieder und ließen kaum eine Gegenwehr zu.

Die *glandes* wurden in großer Stückzahl gegossen, und zwar in der Regel zusammen mit ihren Textbausteinen. Das waren häufig die Namen der ›versendenden‹ Feldherren oder der ›Ursprungs‹-Legionen, manchmal mit deren Gruß an den eigenen Feldherrn. Symbole wie der Blitz dokumentierten die eigene Stärke und zeigten den Gegnern sehr anschaulich, dass diese Waffe sozusagen wie ein Blitz auf sie niederfahren konnte bzw. niedergefahren war. Auf den 3–5 Zentimeter langen Objekten war wenig Platz; deshalb musste man sich mit wenigen Worten oder Symbolen begnügen.

Glandes plumbeae, »Blei-Eicheln«, haben sich aus der gesamten griechisch-römischen Welt erhalten, wobei sie ab der römischen Kaiserzeit nur noch selten verwendet wurden. Die Exemplare mit den bei Weitem aggressivsten und bösartigsten Sprüchen stammen aus dem Perusinischen Krieg. Dahinter verbirgt sich eine überaus brutale Belagerung der Stadt Perusia, heute Perugia, bei der im Jahr 41/40 v. Chr. Octavian, der spätere Kaiser Augustus, und Lucius Antonius, der Bruder Marc Antons, einander gegenüberstanden. Besonders pikant war die Situation dadurch, dass Marc Antons Noch-Ehefrau Fulvia sich sehr stark in dem Konflikt engagierte. Von der Gegenseite wurde sie als Kriegstreiberin, ja Kriegsherrin dämonisiert – ein weiblicher ›General‹ und damit für die Römer das abschreckende Gegenbild zu einer häuslichen Matrone. Die äußerst provokante und obszön-beleidigende Art, in der der Propagandakrieg gewissermaßen auch per Projektil-SMS geführt wurde, dürfte wesentlich auf diese der Norm widersprechende ›Einmischung‹ der selbstbewussten und tatkräftigen Frau zurückzuführen sein.

Die Belagerer versuchten, die in Perusia verschanzten Truppen mit dem Hinweis auf ihre verzweifelte Mangelsituation mürbe zu machen: *Esureis et me celas* (Nr. 34)[1], wird der Soldat in der eingeschlossenen Festung angesprochen – »du leidest Hunger und versteckst dich vor mir«. Tatsächlich war der Mangel an Essbarem im Spätwinter 41/40 v. Chr. in Perusia so schlimm, dass Sklaven nichts mehr zu essen bekamen. Manche Menschen aßen Gras und Blätter, viele starben völlig entkräftet. Antonius ließ Gruben ausheben, um die Leichen zu beseitigen. Feuerbestattungen hätten den Belagerern signalisiert, dass es schlimm um die Festung stand. Aber die Feinde wussten auch so Bescheid: »Du versteckst dich vor mir« bedeutet ja auch: Ich habe euch durchschaut.

In einer weiteren Projektil-Botschaft wird der gegnerische Feldherr direkt angesprochen: *L(uci) Antoni, calve, peristi; C(ai) Caesarus victoria* (Nr. 13) – »Lucius Antonius, du Glatzkopf, du bist verloren! Sieg des Gaius Caesar!« Da Octavian der Adoptivsohn des ermordeten Caesar war, braucht die Anrede mit *Caesar* nicht zu erstaunen. Im Gegenteil. Sie signalisiert, dass er legitimer Nachfolger des großen Feldherrn war. Der Genitiv muss natürlich *Caesaris* heißen; das *u* ist wohl eher eine Verschreibung bei der Anfertigung der Geschoss-Form als eine lagersprachliche Besonderheit. Warum Lucius Antonius als Glatzkopf bezeichnet wird, ist unklar. Auf Bildnissen ist davon nichts zu sehen. *Peristi* hier und *victoria* dort – das ist eine ziemlich plumpe, aber wohl doch wirkungsvolle Demoralisierung des Feindes, wenn der tatsächlich in aussichtsloser Lage ist.

Eine ähnliche Wirkung dürften die mit einem Blitzsymbol verbundenen Slogans entfaltet haben: *Caesar imp(erator)* und *felix Caesar im(perator)* (Nr. 12b, 15a) – »Feldherr Caesar!« und »glücklicher Feldherr Caesar!«. Die ›Message‹ ist eindeutig: Imperator ist der *erfolgreiche* Feldherr, der künftige Triumphator (wenn es kein Bürgerkrieg wäre); jedenfalls derjenige, dem das Kriegsglück hold ist. Sicher, man kann das als vollmundigen Spruch abtun. Aber man darf die Situation nicht vergessen: Diejenigen, die das zu lesen bekamen, hatten wenig Hoffnung, den Krieg zu gewinnen.

Schließlich ein verbaler Angriff unter die Gürtellinie, und zwar im doppelten Sinn des Wortes, an Fulvia adressiert und mit dem Blitzsymbol verstärkt: *Peto landicam Fulviae* (Nr. 5) – »ich hab's auf Fulvias Klitoris abgesehen«. Man kann auch übersetzen: »Ich ziele auf Fulvias Klitoris.« Wer spricht da in der ersten Person Singular? Man könnte vermuten: die *glans*, das Projektil. Auf Deutsch ist die »Eichel« – *glans* – eben auch das lateinische Wort für die Spitze des männlichen Glieds, so dass auch eine Penetration angedroht wird. In modisches Deutsch übertragen, könnte man sagen: »Fuck Fulvia!«

Und das ist schon ein starkes Stück. Zum einen ist *landica* ein ausgesprochen obszöner Ausdruck, den man möglichst nicht verwendet, und dann war die bedrohte Fulvia ja nicht irgendwer, sondern eine Dame der römischen High Society, die von einem bedeutenden Adelsgeschlecht abstammte und zur absoluten Prominenz gehörte. Aber wer so tief sank – anachronistisch wäre der Ausdruck »Flintenweib« passend –, durfte sich in den Augen der Römer nicht wundern, auf ein bloßes Geschlechtsteil reduziert zu werden …

Aber die Gegenseite keilte zurück. Auch sie nahm kein Blatt vor den Mund und verstand sich ebenfalls bestens auf schmähende Obszönitäten. Das Harmloseste war das trotzige Bekenntnis zum eigenen Feldherrn: *M(arcus) Ant(onius) imp(erator) imp(erator)* (Nr. 1). Die Dopplung des Feldherrn-Titels war wohl kaum ein Irrtum, eher eine Bekräftigung, die auch nicht schaden konnte, da diese *salutatio imperatoria* (»Gruß an den Feldherrn«) einem galt, der Tausende von Kilometern entfernt war: Marc Anton hielt sich damals in Asien auf; sein Bruder führte seine ›Geschäfte‹ in Italien als Stellvertreter. Das Projektil war damit ein Treuebekenntnis auf Distanz. Es verrät, wer der eigentliche Gegenspieler Octavians war.

Der wurde indes als tatsächlicher oder vermeintlicher Schwuler ins Fadenkreuz genommen. Gerüchte über Octavians homosexuelle Neigungen grassierten ohnehin schon. Als Aufhänger im Propagandakrieg der Eichel-Geschosse waren sie hochwillkommen. Und deshalb wird man das *(p)athice!* (Nr. 39) auf einem Geschoss wohl auf Octavian beziehen müssen, auch wenn sein Name nicht genannt wird. *Pathicus* war bei den Römern ein Schimpfwort, gemünzt auf denjenigen in einer homosexuellen Beziehung, der sich penetrieren ließ. Dieser Partner war, weil er eine gleichsam feminine Rolle übernahm, viel verachteter als der ›dominante‹, penetrierende Sexualpartner. Das Beleidigend-Herabsetzende kommt vielleicht am besten zum Ausdruck, wenn man *pathice!* mit »schwule Sau!« übersetzt.

Ein weiteres Projektil fordert ihn auf: *Octavia(ne), a(c)cip(e)* – »hier, nimm das, Octavian!« Als Akkusativobjekt steht im Lateinischen keine Entsprechung zu »das«, sondern das Bild eines Phallus (Nr. 6). Eine weitere *glans* verunglimpft Octavian als »Lecker«, der am Penis seines Sexualpartners ›nuckelt‹: *Salve, Octavi(ane), felas* (Nr. 9) – »Hallo, Octavian, du leckst«; erneut ist dieser also in der ›dienenden‹ Funktion des effeminierten Schwulen gedacht.

Eine besonders obszöne Variante ist Exemplar Nr. 11: *Laxe, Octavi(ane), sede* – »Mach dich weit, Octavian, und setz dich!« Worauf, wird ebenfalls unmissverständlich deutlich: Daneben ist ein Phallus abgebildet. Mit *laxe* wird er demnach aufgefordert, sein Hinterteil zu entspannen und es zu weiten als Vorbereitung für das nachfolgende ›Aufsitzen‹.

Die letzte ›Eichel‹ spricht in der ersten Person: *Peto Octav(i)a(ni) culu(m)* (Nr. 7) – »ich hab's auf Octavians Arsch abgesehen.« Die Botschaft ist (mindestens) doppeldeutig. Auf der semantischen Oberfläche geht es um ein sexuelles Abzielen: Die *glans* – nicht zu vergessen: die »Eichel« –, die auf den Feind abgefeuert wird, will ihn penetrieren. Na klar, der schwule Feldherr der anderen Seite bot sich als Ziel ja geradezu an. Dahinter liegt indes eine zweite Bedeutungsebene. Wer dem feindlichen Geschoss seinen Hintern darbietet, der hat sich umgedreht, das heißt, er ist auf der Flucht und hat, um auch im Deutschen auf der obszön-vulgären Sprachebene zu bleiben, die Arschkarte gezogen. Octavian ist damit im zweifachen Sinn Opfer des feindlichen Angriffs, suggeriert die Inschrift. Er weiß um die Stärke seiner Feinde und ergreift deshalb die Flucht. Das feige Verhalten passt zu einer ›Schwuchtel‹, die auch sonst alles mit sich machen lässt. So jedenfalls assoziierten die meisten Römer es mit einem *pathicus*. Ob das dem einfachen Soldaten klar war, der die *glans* in seine Schleuder legte, oder dem anderen auf der Gegenseite, der das Geschoss aufhob und die Botschaft entzifferte, sei dahingestellt. Aber zumindest dachten diejenigen, die die Slogans prägten, sich etwas dabei.

Der als unrömisch, unkriegerisch und ›weich‹ verspottete *pathicus* Octavian sollte sich nach dem Sieg seiner Truppen als besonders hart, ja brutal erweisen. Etliche Einwohner des eroberten Perusia, die ihn um Gnade und Entschuldigung baten, beschied er lakonisch: *Moriendum est* – »Es muss gestorben werden. / Jetzt geht es ans Sterben.«[2] Eine unbarmherzige Sentenz, die ihm, auch als er sich in den ›Friedensfürsten‹ Augustus verwandelt hatte, zeit seines Lebens anhing. Mindestens das konnten seine Feinde als propagandistischen Erfolg verbuchen: dass Octavian/Augustus den Makel des grausamen Siegers von Perusia nie wieder loswurde.

FUTUERE & CO.

Das lateinische F***-Wort und weiteres sexuelles Vokabular

Eine eigenartige Sache sei das mit den obszönen Wörtern, befindet Cicero in einem einschlägigen Brief an seinen Freund Lucius Papirius Paetus.[1] Zum einen bekennt er sich zu einer Ausdrucksweise, die anstößige Begriffe möglichst vermeidet und umschreibt. Zum anderen ist ihm schon klar, dass oft erst der Gesprächspartner ein Wort zu einem unanständigen Begriff ›auflädt‹ – mit fragwürdigen Assoziationen, so dass häufig »wir selbst es sind, die unanständigen Wörtern einen obszönen Sinn unterschieben«. Von Euphemismen distanziert Cicero sich nicht – auch wenn er sich ein bisschen lustig macht über Umschreibungen wie »sich um Kinder bemühen«: »Die eigentliche Bezeichnung für diese Bemühung wagen sie nicht auszusprechen.«

Begriffe sind nicht per se unanständig, stellt Cicero fest. Sondern sie unterliegen einer gesellschaftlichen Bewertung. Und die kann sich im Laufe der Zeit ändern. Als Beispiel dafür nennt er ein Wort, das in unserer Gegenwartssprache besonders sachlich und in keiner Weise obszön klingt: *penis*. Ganz anders im Lateinischen. »Für *cauda* (›Schwanz‹) sagten die Alten *penis*, heute jedoch zählt *penis* zu den obszönen Ausdrücken«, erläutert er die Bedeutungsverschiebung. Ein Wort, das Menschen wie er, die »Zurückhaltung lieben«, zu vermeiden suchten, das aber nicht als so vulgär empfunden wurde wie etwa *mentula*. Sonst hätte es der Historiker Sallust kaum in seinem Geschichtswerk verwendet, indem er den Desperados um Catilina vorwirft, »ihr väterliches Vermögen mit der Hand, mit dem Bauch und dem *penis* finanziell zerfetzt zu haben«. Will sagen: mit Glücksspiel, Prasserei und Hurerei.[2] Und Augustus hätte seinen Freund, den Dichter Horaz, wohl kaum im Scherz als *purissimum penem* angesprochen, als »saubersten *penis*«,[3] wenn das ein kräftig obszöner Begriff für das männliche Glied gewesen wäre. In der Spätantike jedenfalls hatte er seine negative Färbung weitgehend abgelegt. Der Kirchenvater Augustin fand das Wort nicht mehr anstößig.[4]

Das umgangssprachliche *mentula* war, wie schon angedeutet, deutlich derber, am ehesten mit dem deutschen »Schwanz« gleichzusetzen. Es begegnet häufig in Graffiti und in den *Priapeen* (siehe Kapitel 9 und 10), die sich durch besondere Obszönität auszeichnen, außerdem bei den Dichtern Catull und Martial. Beide schrecken bekanntlich vor drastischen Ausdrücken nicht zurück. Wie *cunnus* für das weibliche Geschlechtsorgan gehörte *mentula* zu den ›zentralen‹ *verba improba*, »bösen Wörtern«,[5] die im Alltag sehr gebräuchlich, ja vermutlich am gebräuchlichsten waren.

Allerdings gab es eine Fülle von Ausdrücken für das männliche Glied: Man konnte zwischen mehr als 120 wählen.[6] Die umfangreichste metaphorische Kategorie bezog sich dabei auf einen Vergleich mit Waffen: *telum*, »Geschoss, Waffe«, und *hasta*, »Lanze«, *gladius*, »Schwert«, und *sicula*, »kleiner Dolch«, *arcus*, »Bogen«, und *cuspis*, »Spieß«. Auch der Vergleich mit pfahlartigen Gegenständen lag nahe: von *trabes*, »Balken«, *palus*, »Pfahl«, und *terminus*, »Grenzpfahl«, bis zu *virga*, »Rute«, und dem relativ häufig anzutreffenden *verpa*, das vermutlich ursprünglich auch eine »Rute« bezeichnete, dann aber zu einer ›eigentlichen‹ – sehr vulgären – Bezeichnung des männlichen Gliedes wurde. In Graffiti werden ein Natalis und ein Regulus als *verpa* bezeichnet.[7] Man könnte diese *pars pro toto* (»Teil für das Ganze«) als »extrem schwanzgesteuert« übersetzen.

Weitere Vergleichsgegenstände sind Haushaltsgeräte, die zum Rühren verwendet wurden: *rutabulum*, »Rührkelle«, und *trua*, »Rührlöffel«, sowie Werkzeuge allgemein, *instrumentum* und *vas*, »Gefäß«. Die Botanik steuert *caulis*, »(Kohl-)Stengel«, und *ramus*, »Zweig«, bei, die Landwirtschaft *vomer*, »Pflug«, und *falcula*, »kleine Sichel«, die Vogelwelt *stratheum*, den »Spatz«, der als besonders ›geil‹ galt, und *turtur*, »Turteltaube«, sowie *cauda*, »Schwanz«. *Nervus*, »Seite, Spannkraft«, und *vena*, »Ader«, sind der Anatomie entnommen und *peculium* dem finanziellen (Eigen-) Bereich. Das Wort bezeichnet das »Sondervermögen« des Sklaven oder des Sohnes (gegenüber dem vom Vater verwalteten Familienvermögen). Bei Petron geht das *peculium proferre*, »Herausholen des Penis«, einmal einer sexuellen Handlung voraus.[8]

Wer das Glied nicht beim Namen nennen wollte, schaute sich gewissermaßen in dessen anatomischer Nachbarschaft um und stieß dabei auf die (häufig ›gewählten‹) *lumbi*, »Lenden«, auf *inguen* und *ilia*, beides »Unterleib«, *abdo-*

men, »Bauch«, und *latus* bzw. den Plural *latera*, »Flanke(n)«. *Lateri parcere*, »die Flanke schonen«, war eine vornehme Umschreibung für das Ruhigstellen des Penis.[9]

Sehr zurückhaltend formulierte auch, wer vom *medium corpus* sprach, »der mittleren Körperregion«, oder sich auf eine allgemeine *pars*, »Teil«, oder ein *membrum*, »Glied«, beschränkte. Auf Distanz zur Sexualfunktion ging, wer von *pars pudenda* oder *obscaena* sprach, einem »Körperteil, dessen man sich schämen müsse« bzw. das »unanständig« sei. Standard-Euphemismen sind *veretrum*, »Scham«, für beide Geschlechter, *verenda*, »Schamteile«, und *pudenda*, Körperteile, die »Scham auslösen müssen«. Als *turpia membra*, »schimpfliche, unsittliche Körperteile«, bezeichnete der – tatsächliche oder vermeintliche – Moralist die Genitalien; mit *pars tegenda* oder *velanda* brachte man zum Ausdruck, dass das Geschlechtsteil »zu bedecken« und vor Blicken »zu verhüllen« sei. Und wer es ganz etepetete unausgesprochen lassen wollte, sprach von »Körperteilen, die mit Anstand nicht genannt werden können« (*quae honeste nominari nequeunt*).[10] So zierten sich aber vor allem Redner, die ihren Gegenspielern schwere sexuelle Verfehlungen vorwarfen. Indem sie selbst das Unsagbare nicht sagten, dämonisierten sie das Unfassbare des ›unanständigen‹ Handelns in besonderer Weise: ›Ich wage es nicht auszusprechen, und der tut es sogar!‹ Im Alltag waren die allermeisten Menschen nicht so zimperlich. Sie nannten das ›Ding‹ entweder beim mehr oder minder vulgären Namen oder griffen zu einer anschaulichen Metapher.

Sprach man von *(membra) genitalia*, »Genitalien«, so schloss das häufig die Hoden ein. Sie wurden sonst als *testes*, »Zeugen«, bezeichnet, woraus sich in medizinischen

Kontexten die Verkleinerungsform *testiculi* entwickelte. Als obszönes Synonym war *coleus* gebräuchlich. *Colei* galten auch als anschaulicher Begriff für »Kraft« und »Mut«. Petron lässt einen Freigelassenen sagen: *Si nos coleos haberemus* …[11] Das entspricht ziemlich genau dem deutschen »Wenn wir Eier hätten …«.

Für das weibliche Genital war *cunnus* der grundlegende obszöne Begriff. In einem ›anständigen‹ Umfeld wurde er so konsequent gemieden, dass Cicero empfiehlt, »mit uns« als *nobiscum* auszudrücken und nicht als *cum nos*, weil das klanglich zu nah an dem ›bösen‹ Wort sei.[12] Das obszöne deutsche Pendant zu *cunnus* ist daher »Fotze« oder »Möse«. Außer bei den Satirikern kommt der Begriff fast nur in den *Priapea* und in Graffiti vor (siehe Kapitel 9 und 10) – dort allerdings rund drei Dutzend Mal.[13] In den *Satiren* des Horaz erscheint *cunnus* geradezu als ›Verkörperung‹ männlichen Begehrens, als fast entpersonalisierter Lustgegenstand. Wer dringend eine Frau ›braucht‹, ist gewissermaßen auf der Suche nach einem *cunnus*.[14]

Am häufigsten kommt *cunnus* in den Spott-Epigrammen Martials vor, rund dreißigmal, zum Teil mit Eigenschaften wie *canus*, »grauhaarig«, *osseus*, »knöchern«, oder *madidus*, »feucht«. Auch dort wird der *cunnus* häufig allein mit der Konnotation der sexuellen ›Benutzung‹ gesehen, wobei die ›dazugehörige‹ Frau ganz in den Hintergrund tritt: »Du irrst, wenn du das für eine Fotze hältst, für den der Schwanz aufgehört hat sich zu interessieren.«[15] In manchen Kontexten wird die *pars pro toto* – *cunnus* für die Frau als solche –, in abschätzigem Vokativ angeredet, zu einer Beleidigung. Homer könnte doch froh sein: »Hätte der troische Schwanz der taenarischen Fotze nicht gefallen, dann hätte er keinen Stoff gehabt, den er hätte besingen können«, heißt es in einem *Priapeum*.[16] Helena und Paris werden hier auf ihre Genitalien reduziert.

Lingere heißt »lecken«; der *cunnilingus* ist mithin der »Fotzenlecker«. Der lateinische Begriff ist eher noch vulgärer als der deutsche. Vielen Römern galt diese sexuelle Aktivität als pervers oder deviant, man ließ sie allenfalls impotenten Männern oder Eunuchen ›durchgehen‹;[17] *cunnilingus* war deshalb auch eine harsche Beleidigung. Das ›Unsägliche‹ des Vorgangs wird gern durch euphemistische Phrasen wie *nihil negare*, »nichts verweigern«, oder *omnia fieri*, »alles kann geschehen«, umschrieben.[18]

Eine weniger anstößige, gleichwohl derbe Bezeichnung für die weibliche Scham war *porcus*, »Ferkel«, ein angeblich, wenn man Varro Glauben schenken darf, vor allem von den Frauen selbst und von Ammen verwendeter Begriff.[19] ›Anständiger‹ waren metaphorische Begriffe, die vielfach der Landwirtschaft entnommen waren: *sulcus*, »Ackerfurche«, *ager*, »Feld«, *fundus*, »Landgut«, *hortus*, *hortulus*, »Garten«, »Gärtchen«, *arvum*, »Feld« – alles ›Flächen‹, in die etwas ›hineingesät wurde‹. Auch der Vergleich mit »Höhlen« lag nahe: *specus*, *antrum* und *caverna*; außerdem mit *fossa*, »Graben«, und ähnlichen Begriffen. Weitere bildliche Ausdrücke waren unter anderem *bulga*, eigentlich »Geldsack«, *limen*, »Schwelle«, und *navis*, ein »Schiff«, in dem »viel genagelt und gehämmert wird«[20].

Die Mediziner sprachen häufig vom *sinus (muliebris)*, dem »(weiblichen) Bogen/Bausch«. Eine ähnliche Vorstellung vermittelt *gremium*, »Schoß«. Als Gegenbegriff zu *virilia (membra)* dienten *muliebria (loca)* oder *muliebres partes*, »weibliche Geschlechtsteile«. Zu einem »Hyper-Euphemismus« (so Adams)[21] entwickelte sich in der Spätantike *virginal(e)*, das »jungfräuliche« Körperteil, bei dem von seiner sexuellen ›Verwendungsmöglichkeit‹ verschämt weggeschaut wurde. Einzelne Teile der weiblichen Genitalien vertreten gelegentlich auch das ›Ganze‹, so unter anderem *orae* für die »Schamlippen«, *vulva* für die »Gebärmutter« und *uterus*, »Unterleib«. Die *vagina*, »(Schwert-)Scheide« – übrigens auf dem *i* zu betonen) – spielte in der Antike als Metapher für das weibliche Genital überhaupt keine Rolle. Sie wird nur einmal bei Plautus in sexuellem Sinn verwendet, allerdings in einem homoerotischen Kontext: Ein Mann wird gefragt, ob einer »das Schwert des Kriegers in deine Scheide schob«. *Machaera*, »Schwert«, steht hier offensichtlich für den Penis, *vagina* für den Podex.[22]

Kommen wir zum Akt des ›Zusammengehens‹ männlicher und weiblicher Geschlechtsorgane. Der heißt im Deutschen sozusagen auf gut Lateinisch Koitus, und *coitus* haben auch die Römer als Begriff für den Geschlechtsakt verwendet – auch wenn er nicht so weit verbreitet war wie etwa *Venus*, »Liebesakt«. Auch das Verb *coire*, »sich vereinigen, paaren«, war spätestens seit der Zeitenwende gebräuchlich. Aber es stand deutlich im Schatten des umgangssprachlichen *futuere*, das in der Tonalität dem englischen *to fuck* und dem deutschen »ficken« entspricht. In der ›gehobenen‹ Literatur wird der Begriff vermieden, Catull allerdings verwendet ihn in den Komposita *de-* und *perfutuere*, »ordentlich durchficken«. Bei Martial ist *futuere* gewissermaßen regelmäßig zu Gast, und ebenso in den Graffiti. Davon abgeleitet sind *fututio*, der »Fickvorgang«, und *fututor*, der »Ficker, Rammler«. Das Femininum *fututrix* bezieht sich bei Martial auf die Hand und die Zunge – *ma-*

nus und *lingua* sind beides Feminina.[23] In einem Graffito erscheint eine *Miduse fututrix.*[24]

Ein auf Inschriften beschränkter – vulgärer – Ausdruck ist das aus dem Griechischen übernommene *chalare*. Es bedeutet das »Weiten« und »Lockern« der Vagina als Voraussetzung für den Geschlechtsverkehr. Als Metaphern waren zahlreiche Verben gebräuchlich, die Bewegungen unterschiedlicher Art beschreiben: *battuere, tundere,* »stoßen«, *fodere,* »graben«, *molere,* »mahlen, bearbeiten«, *depsere,* »durchkneten«, *perfodere,* »durchbohren«, *arare,* »pflügen«, und *conficere,* »fertigmachen«.

Euphemistische Umschreibungen waren zum Beispiel *ludere,* »spielen«, *iocari,* »scherzen«, *luctari,* »ringen«, und ähnliche Verben. *Proelium* war der »Liebeskampf« im Bett, und auch *opus,* »Werk«, oder *opus amoris,* »Liebeswerk«, waren ›anständige‹ Begriffe. Mit *accedere ad opus,* »sich ans Werk begeben«, greift sogar der sonst sehr direkte Martial mal zu einem Euphemismus.[25] Deutlich, aber doch recht zurückhaltend wurde der Koitus mit *iacere cum, concumbere* und *cubare* ausgedrückt, »zusammenliegen«. *Penetrare,* das Ursprungswort des deutschen ›Penetrierens‹, spielte dagegen im Sexualvokabular der Römer eine ganz untergeordnete Rolle.[26]

›Den Orgasmus erreichen‹ wurde häufig durch ein absolut gebrauchtes *patrare,* »es schaffen«, bezeichnet, ebenso durch *perficere,* »vollenden«, und *pervenire,* »ans Ziel gelangen«. Poetisch-metaphorisch klangen dagegen *ad metam properare,* »ans Ziel eilen«, oder *spatium decurrere amoris,* »der Liebe Bahn durchlaufen«.[27] Ziemlich obszön waren dagegen Begriffe für die Ejakulation. Sie stellten sie dem Urinieren gleich: *Mingere* und *meiere,* »pinkeln«, dürften hier dem deutschen »(ab)spritzen« vergleichbar gewesen sein. In den *Satiren* schreckt auch Horaz vor dieser Begrifflichkeit nicht zurück,[28] und Catull lässt mit *mingere* den Schwiegervater sich in den Schoß entladen, »der eigentlich seinem Sohn gehört«.[29]

Mit *pedicabo ego vos et irrumabo* geht derselbe Catull in einer Invektive auf zwei Gegner los, die sich über seine »unmännlichen« Kussgedichte lustig gemacht haben.[30] Beide Verben drücken ein sexuell sehr offensives Verhalten aus, bei dem im ersten Fall der Hintern, im zweiten Fall der Mund des anderen das Angriffsziel ist: vulgäre, aber übliche Begriffe für Anal- und Oralsex. Beide Sexualakte waren allgemein verpönt (was nichts darüber aussagt, wie häufig sie praktiziert wurden). Der ›passive‹ Homosexuelle, der zum ›Opfer‹ des *pedicator* wurde, galt vielen als besonders verachtenswert, und sowohl das erzwungene als auch das freiwillige ›Blasen‹ eines Penis durch einen anderen Mann war allgemein als pervers codiert. Anstelle von *pedicare* wurden die meisten Metaphern verwendet, die auch *futuere* ersetzten, zusätzlich noch *perforare* und *scindere*, »durchlöchern« und »spalten«, sowie *caedere* und *percidere*, »stoßen« und »durchwalken«.

Das Objekt der sexuellen Begierde, auf das sich alle diese Verben richten, ist der *anus*. Das ist der nicht anstößige Begriff im ›Hochlatein‹ und (wie auch heute noch) im medizinischen Schrifttum – eigentlich eine bildliche Metapher, denn *anus* (mit kurzem *a*!) ist der »Ring«, *anulus*, »das Ringchen«, ist die Verkleinerungsform. Dem deutschen ›Hintern‹ entspricht die Umschreibung *postica pars*, »Hinterteil«, ebenso wie *nates* und *clunes*, »Hinterbacken«, ein ›zivilisierter‹ Ausdruck. Euphemismen entstammten vorwiegend der Landwirtschaft: *ager*, *agellus*, »Feld« und »kleines Feld«, *hortus*, »Garten«, *pratum*, »Wiese«, und *fossa*, »Graben«. Der so ›klassisch‹ daherkommende ›deutsche‹ Podex kommt nicht häufig vor, und er ist – aus heutiger Sicht erstaunlich – eine ziemlich unfeine Bezeichnung. Ein Blick auf die Etymologie erklärt das: *Podex* ist das Substantiv zu *pedere*, »furzen«, also das »Furzloch«.

Sehr drastisch war das alltagssprachlich in Graffiti und in satirischen Texten viel verwendete *culus*. Es hat eine adäquate Fortsetzung als obszönes Wort in den romanischen Sprachen gefunden. Im Deutschen kann man es wirkungsäquivalent mit »Arsch« wiedergeben. Auch das »Arschlecken« ist bezeugt: *Culum lingere* kommt bei Catull vor[31] und war Teil der Graffiti-Sprache.[32] Bei *pathici*, Männern, die sich wie Frauen »gebrauchen« ließen, wurde der *culus* häufig auch zum weiblichen *cunnus* ›degradiert‹, dem ›natürlichen‹ Ziel männlicher Lust. In einem Punkt unterscheidet sich der lateinische *culus* allerdings vom deutschen »Arsch«: Als Schimpfwort war er nicht in Gebrauch – *cule!*, »du Arsch!«, ist jedenfalls nicht belegt.

Das Pendant zum oralsexuellen *irrumare* aus der Sicht des bzw. der Betroffenen ist *fellare*. Ursprünglich bezeichnete das Verb das »Saugen« des Kindes an der Mutterbrust. Es wurde aber spätestens im 1. Jh. zu einem Terminus technicus, der heute noch so genannten Fellatio: Saugen oder Lutschen am männlichen Glied als Stimulation. *Fellator* und *fellatrix*, »Lecker« und »Leckerin«, waren durchaus Beleidigungen und wurden in Graffiti häufig in diesem Sinne gebraucht. Zwar standen viele der *fellatio* als vermeintlich abartiger Sexualpraktik ablehnend gegenüber. Auf der anderen Seite aber kann kein Zweifel bestehen, dass sie oft praktiziert wurde – nicht nur, aber bevorzugt von Prostituierten. *Myrtis, bene felas*, »Myrtis, du bläst gut!«, ist ein Graffito-Lob, das manch einen neugierig gemacht haben dürfte.[33] Wer männliche Sexualpartner vorzog, wurde in Pompeji per Mauer-Mitteilung darauf hingewiesen, dass *Felix felat as(se) I*, »Felix für 1 As bläst« – ein preislich sehr kompetitives Angebot.[34]

Das Masturbieren geht sprachlich auf *masturbari* zurück. Allerdings war der Begriff ziemlich ungebräuchlich als Bezeichnung für den Akt der Selbstbefriedigung. Der übliche Ausdruck dafür war *fricare*, »reiben« – kein hochsprachliches, aber auch kein besonders obszönes Wort. ›Vornehmer‹ waren *tractare*, »behandeln«, und *sollicitare*, »in Unruhe versetzen«. Noch eleganter war es, wenn man das Geschehen mit *tangere*, »berühren«, andeutete. *Molere*, »mahlen«, war dagegen eher alltagssprachlich. Sämtliche Begriffe beziehen sich auf männliche *und* weibliche Selbstbefriedigung; *(de)glubere*, »abschälen«, und *trudere*, »drängen, stoßen«, scheinen auf Männer beschränkt gewesen zu sein. Als Umschreibung diente die *manus amica*, die »freundschaftliche Hand«.[35] Dazu wurde in der Regel offenbar die *linke* Hand eingesetzt; *manus sinistra* reichte in einschlägigen Kontexten als Hinweis aus.[36]

EINBLICKE INS PRALLE ALLTAGSLEBEN

Graffiti auf pompejanischen Wänden

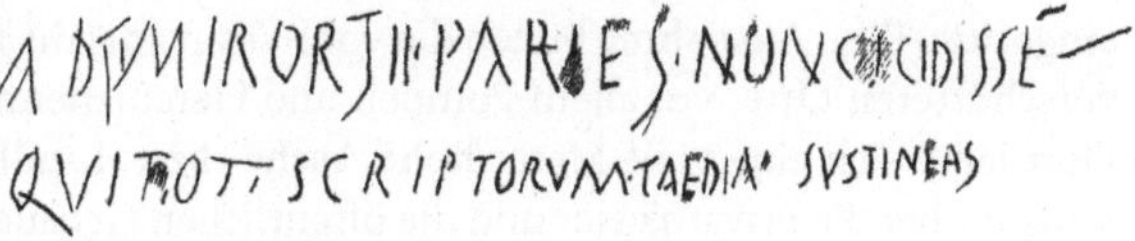

Admiror, paries, te non cecidisse ruinis,
qui tot scriptorum taedia sustineas.

Ich bewundere dich, Wand, dass du noch nicht zusammengebrochen bist, / die du doch das blöde Zeugs so vieler Schreiber aushalten musst.

Der selbstironische ›Spruch‹ – immerhin ein metrisch einigermaßen ordentlich gebautes elegisches Distichon – war in der ›Szene‹ der Graffitischreiber beliebt: Er ist gleich dreimal auf pompejanischen Wänden erhalten geblieben.[1] Die Allgegenwart von geritzten ›Botschaften‹ wird von anderen Quellen bestätigt. »Alle Säulen, alle Wände sind vollgeschrieben«, berichtet Plinius über das Heiligtum der Clitumnus-Quelle, ein beliebtes Ausflugsziel.[2] Römische Reisende verewigten sich auch mit Kritzeleien an den Pyramiden und anderen Sehenswürdigkeiten Ägyptens, und ein Witzbold schrieb in Rom auf Griechisch an die Wand: »Viele haben vieles auf Wände geschrieben, nur ich – ich habe nichts geschrieben.«[3]

Mochte so manche Wand in den römischen Städten reich mit Graffiti ›verziert‹ gewesen sein – viel hat sich davon nicht erhalten. Denn das Erste, das bröckelt, wenn Gebäude in ein bestimmtes Alter kommen, ist der Putz, und in den waren die Graffiti meist mit dem üblichen Schreibgerät der Römer, dem spitzen metallenen *stilus* (»Griffel«), eingeritzt. Eine Ausnahme bilden die vom Vesuv im Jahr 79 verschütteten Orte, vor allem Pompeji und Herculaneum. Dort legte sich eine viele Meter hohe Asche- bzw. Lapillischicht über die Privathäuser und die öffentlichen Gebäude und schützte so zumindest das Erdgeschoss. Und mit den Mauern blieben mehrere Tausend Graffiti konserviert. Sie spiegeln, wie es überall im Römischen Reich ausgesehen haben dürfte, auch in der Hauptstadt Rom.

Allerdings verleitet der Begriff ›Graffiti‹ zu einer falschen Vorstellung. Heute verbinden wir damit das mehr oder minder großflächige Ergebnis von Spray-Aktionen, das kaum zu übersehen ist und von vielen als illegale Verschandelung des öffentlichen Raumes angesehen wird. Römische Graffiti sind dagegen in ihrem äußeren Erscheinungsbild überhaupt nicht damit zu vergleichen. Wie das italienische *(s)graffiare* besagt, handelte es sich lediglich um »Kritzeleien«, die gar nicht auffielen, wenn man nicht genau hinschaute. Sie waren weder farblich hervorgehoben noch besonders auffällig in der Größe. Bei den meisten jedenfalls sind die Buchstaben nur wenige Millimeter groß, meist auf einer Höhe von 1,4 Metern – also von Erwachsenen – angebracht.

Das Erscheinungsbild der Städte haben *diese* Graffiti nicht beeinträchtigt, so dass man ihre Urheber meist in Frieden ließ. Viele – besonders unter den figürlichen Graffiti, mit Köpfen und Tieren, Schiffen, Gladiatoren und allen möglichen Ornamenten – entstanden in zeitaufwendiger Kritzelei. Möglicherweise haben die »Schreiber« – *scribere* ist das lateinische Verb für das Einritzen von Graffiti – hier und da sogar aufmerksame Zuschauer bei ihrem Tun gehabt. Und die Eigentümer der Wände griffen nicht ein, weil die ›Verzierungen‹ bei normalem Hinsehen kaum zu erkennen waren. Zahlreiche Graffiti finden sich auch im Inneren von Häusern. Manche Hausbesitzer haben es ihren Gästen offensichtlich freigestellt, die Wände entsprechend zu benutzen – ob bei einem ausgedehnten Trinkgelage oder in einem anderen Rahmen. Sicher fand es nicht jeder Eigentümer eines Gebäudes schön, wenn Graffitischreiber ›zuschlugen‹, aber insgesamt war die Toleranz hoch, und man ließ die Kritzler gewähren.

Das waren, von den Inhalten und Namen zu urteilen, meist Männer, und dieser Befund deckt sich auch mit der allgemeinen Statistik, dass Frauen unter denen, die in einer Schule Lesen und Schreiben lernten, eine Minderheit darstellten. Wie überhaupt alle, die über dieses zivilisatorische Know-how verfügten, nur etwa ein Drittel der Gesamtbevölkerung ausmachten. Dabei sind sich die Wissenschaftler in der Frage der Alphabetisierungsquote im Römischen Reich ziemlich uneinig. Sicher ist nur, dass sie auf dem Land und beim weiblichen Bevölkerungsteil deutlich geringer war.

Wer also irgendetwas auf eine Wand kritzelte, gehörte, sofern er sich nicht auf Figürliches beschränkte, zu einer ›privilegierten‹ Minderheit. Das merkt man vielen Graffiti allerdings nicht unbedingt an. Sie enthalten viele orthographische und grammatische Fehler (wie sie allerdings auch heutigen Schreibkundigen unterlaufen), und inhaltlich sind sie meist banal. Nur ganz wenige reflektieren höhere Bildung: in der Schule auswendig gelernte Dichter-Zitate und eigene Verse oder intelligente ›Erkenntnisse‹. Die literarischen Zitate machen in Pompeji gerade einmal zwei Prozent des gesamten Graffitibestandes aus.

Der Großteil, knapp ein Drittel, besteht aus bloßen Namensnennungen. Die nächstgrößere Gruppe sind irgendwelche Listen – zum Beispiel Musteralphabete und Zahlenkolonnen. An dritter Stelle stehen Grüße. In diesem Bereich, aber auch bei anderen Themen bildeten sich mitunter wahre Cluster heraus. Graffiti entwickelten sich häufig, wenn sie entdeckt und wahrgenommen wurden, zu einer interaktiven Textgattung: Wo jemand angefangen hatte, schrieben andere etwas hin, wobei sie sich entweder auf das Vorhandene bezogen oder unabhängige Beiträge formulierten, die nicht selten aber zum selben Thema – etwa zur Liebe – passten. Und natürlich luden Grußbotschaften dazu ein, sie zu erwidern oder – häufiger – eigene Grüße an Menschen dazuzusetzen, von denen die wenigsten eine reale Chance hatten, den ›Wandgruß‹ überhaupt irgendwann zur Kenntnis zu nehmen.

In modernen Sammlungen sind natürlich Graffiti überrepräsentiert, die den antiken Alltag und die Lebens- und

Gefühlswelt der Schreiber widerspiegeln, ihre Hoffnungen und Enttäuschungen, ihre Freuden und Sorgen und ihre Erwartungen gegenüber Mitmenschen. Auch hier durfte kaum jemand damit rechnen, dass die Angebetete den Liebesschwur ›entdeckte‹, dass ein Beschimpfter oder Verfluchter sich die Beleidigung zu Herzen nahm oder dass ein umschwärmter Gladiator tatsächlich las, was einer seiner Fans einer Wand anvertraut hatte. Wer Graffiti schrieb, wollte in erster Linie etwas loswerden und tat der eigenen Psychohygiene etwas Gutes. Auf eine tatsächliche Kommunikation hin waren die meisten nicht angelegt.

Als Pompeji ausgegraben wurde, wurden die Graffiti natürlich gelesen und wie alle anderen lateinischen Inschriften in das vielbändige *Corpus Inscriptionum Latinarum* (CIL) aufgenommen, und zwar in den Band IV. Die Nummern der einzelnen Graffiti im Folgenden beziehen sich auf diese Publikation. Als authentische, ungefilterte Quellen römischen Alltagslebens werden die Graffiti erst seit ein paar Jahrzehnten ernst genommen und unter verschiedenen Aspekten wissenschaftlich ausgewertet. In der Tat sind sie – bei allen möglichen ›Unvollkommenheiten‹ – eine willkommene Bereicherung der literarischen Überlieferung. Sie bringen uns nach 2000 Jahren ganz unmittelbar das Treiben in einer römischen Stadt und die Gedankenwelt ihrer Bewohnerinnen und Bewohner näher: Augenblicksdarstellungen von Gefühlen, Launen und spontanen ›Anwandlungen‹, die in einen Schreibakt mündeten.

Man ärgerte sich über einen Zeitgenossen und verwünschte ihn per Wandmitteilung, man genoss sein Liebesglück und teilte es per Graffito mit, man ›protokollierte‹ das Ergebnis von Gladiatorenkämpfen und verriet der Wand, was man eingekauft hatte oder einkaufen wollte, man notierte die ›Kurzrezension‹ zu einem Bordellbesuch oder prahlte ein bisschen mit seinem Schulwissen, man grüßte einen Kumpel oder eine Geliebte, oder man schrieb einfach aus Langeweile oder zur ›Dokumentation‹ den eigenen Namen auf eine Wand. Was weitgehend fehlt, sind politische Statements. Wir wissen, dass es sie in Rom in Graffito-Form hier und da gegeben hat. Die Pompejaner aber haben sich da ganz zurückgehalten. Wo sich jedoch manch ein Graffitischreiber keinerlei Hemmungen auferlegt hat, war das Feld des sexuell Anzüglichen und Obszönen.

Da nahmen viele kein Blatt vor den Mund und trugen nach Kräften dazu bei, dass wir manche Kostprobe alltäglichen ›Extremlateins‹ kennenlernen dürfen. Gemäß der Schwerpunktsetzung dieser Darstellung beschränken wir uns hier auf die Graffiti, die thematisch etwas unappetitlich daherkommen.

Sexuelles und Obszönes

Restitutus multas decepit saepe puellas. (5251)	Restitutus hat schon oft viele Mädchen betrogen.
Quisquis amat, pereat! (4659)	Zum Teufel mit jedem, der liebt!
Seni supino colei culum tegunt. (4488)	Einem Alten, der auf dem Rücken liegt, bedecken die Klöten den Arsch.

Amat qui scribit. Pedicatur qui legit. Qui opscultat, prurit. Pat(h)icus est qui praet(e)rit. Ursi me comedant et ego verpa(m) qui lego. (2360)	Wer schreibt, liebt. Wer das liest, wird in den Arsch gefickt. Wer zuhört, ist geil. Wer vorbeigeht, ist eine Schwuchtel. Die Bären sollen mich auffressen und ich einen Schwanz (lutschen), der ich das lese.
Ampliatus Afer hic futuit cum suis sodalibus. (3942)	Ampliatus Afer hat hier mit seinen Kumpels gevögelt.
Futui coponam. (8442)	Ich habe die Wirtin gevögelt.
Fortunatus futuet te inguine. Veni, vide, Anthusa. (1230)	Fortunatus wird dich bis ins Mark durchstoßen. Komm, probier's aus, Anthusa.
Euplia hic cum hominibus bellis MM. (2310b)	Euplia hat es hier mit zweitausend hübschen Jungs getrieben.
Hic ego nunc futue formosa forma puella(m), laudata(m) a multis, set lutus intus erat. (1516)	Hier habe ich jetzt ein Mädchen von schöner Gestalt gevögelt, das von vielen gerühmt wurde; aber drinnen war nur Schlamm.
(H)ic ego cum domina resoluto clune (p)er(e)gi. (9246b)	Hier habe ich es wild mit meiner Herrin getrieben. Ihr Hintern stand dabei offen.
Murtis, bene felas! (2273)	Myrtis, du bläst gut!
Iucundus cun(n)um lingit Rusticae. (4264)	Iucundus besorgt es Rustica mit Lecken.

Ephesus fututor. Felix! Felix! (1503)	Ephesus ist ein Ficker. Der Glückliche! Der Glückliche!
Futuitur cunnus (pi)losus multo melius (qu)am glaber; e(ad)em continet vaporem et eadem v(el)lit mentulam. (1830)	Eine behaarte Muschi lässt sich viel besser vögeln als eine unbehaarte. Sie hält die Wärme besser und kitzelt das Schwänzchen.
Futuebatur, inquam, futuebatur civium Romanarum a(t)tractis pedibus cun(n)us, in qua nul(la) veces erant nisissei dulcis(s)im(a)e et pissimae. (1261)	Gevögelt wurde, gevögelt wurde, sagte ich, die Fotze römischer Bürgerinnen, und dabei waren keine anderen Töne zu hören als äußerst angenehme und dankbare.
Qui verpam vissit, quid cenasse illum putes? (1884)	Wer einen Schwanz ausfurzt, was, glaubst du wohl, hat der gegessen?
Irrumo. (4547)	Ich steck ihn (dir) in den Mund.
Pedicare volo. (2210)	Von hinten will ich's einem besorgen.
Albanus cinaedus est. (4917)	Albanus lässt sich in den Hintern ficken.
VII Idus Sep(tem)bres Q. Postumius rogavit, A. Attium pedicarim (8805)	Am 7. September hat Quintus Postumius mich gebeten, Aulus Attius in den Arsch zu ficken.

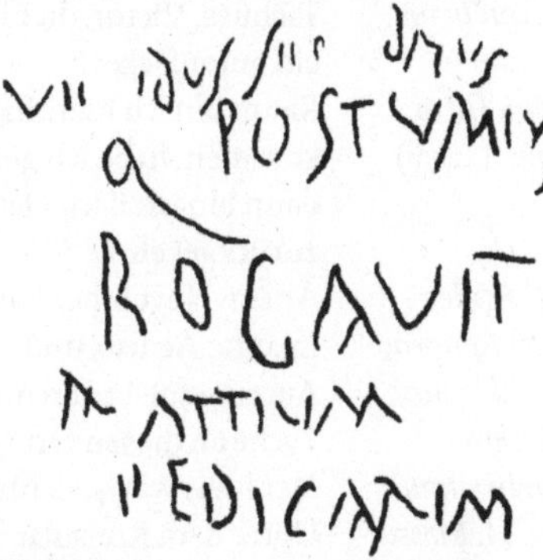

L. Habonius sauciat, irrumat Caes(oni)um Felic(e)m. (10232)	Lucius Habonius stößt Caesonius Felix und steckt ihn ihm in den Mund.
Malim me amici fellant quam inimici irrument. (10030)	Lieber sollen mich meine Freunde lecken, als dass mir meine Feinde ihr Ding in den Mund schieben.
Athenais aeris II; Sabina aeris II. (4150)	Athenais (macht es für) 2 As, Sabina ebenso.
Isidorus aeris II. (4441)	Isidor (macht es für) 2 As.
Si quis hic sederit, legat hoc ante omnia: siquis futuere volet, Atticen quaerat a(ssibus) XVI. (1751)	Sollte hier jemand sitzen, dann lese er dies vor allem anderen: Wenn einer vögeln will, verlange er nach der Attica. (Sie macht's für) 16 As.
Felix, bene futuis. (2176)	Felix, du fickst gut.
Fututa hic sum. (2217)	Hier bin ich gefickt worden.

Victor, valea(s), qui bene futuis. (2260)	Tschüss, Victor, du bist ein guter Ficker!
Hic ego, cum veni, futui, deinde redei domi. (2246)	Kaum bin ich hierhingekommen, habe ich gefickt, dann bin ich nach Hause zurückgekehrt.
A(nte) d(iem) XI K(alendas) Decembr(es) Epapra, Acutus, Auctus ad locum duxserunt mulierem Tychen; pretium in singulos a(sses) V fuit. M. Messalla L. Lentulo co(n)s(ulibus). A(sses) XV. (2450)	Am 21. November haben Epapra, Acutus und Auctus eine Frau namens Tyche an diesen Ort geführt. Der Preis war 5 As für jeden. Unter dem Konsulat des Marcus Messala und Lucius Lentulus (= 3 v. Chr.). (Insgesamt) 15 As.
T(h)r(aex) Celadus. Reti(arius) Cresce(n)s puparru(m) dom(i)nus. (4556)	Der Thraker Celadus. Der Netzkämpfer Crescens ist der Herr der Puppen.
Cresce(n)s retia(rius) puparum nocturnarum mat(utin)ar(um) aliarum ... medicus. (4353)	Der Netzkämpfer Crescens: Arzt der Nacht-, Morgen- und anderer Puppen.

Beschimpfungen, Beleidigungen und wenig fromme Wünsche

Debilis! (1951)	Krüppel!
Macer cerebri moti. (10243)	Macer, dein Hirn ist locker!
Stronnius, Stronnius nil scit. (2409a)	Stronnius, Stronnius hat keine Ahnung.

Ny(m)pe, Crispini anc(illa), ne(qu)issima est. (4833)	Nymphe, die Sklavin des Crispinus, ist ein ganz schlampiges Frauenzimmer.
Ladicula fur est. (4776)	Ladicula ist eine Diebin.
Oppi, embol(l)iari, fur, furuncule. (1949)	Oppius, du Hanswurst, du Dieb, du Spitzbube!
Cosmus equi(t)es magnus cinaedus et fellator. (1825)	Der Ritter Cosmus – ein großer Knabenschänder und Lecker.

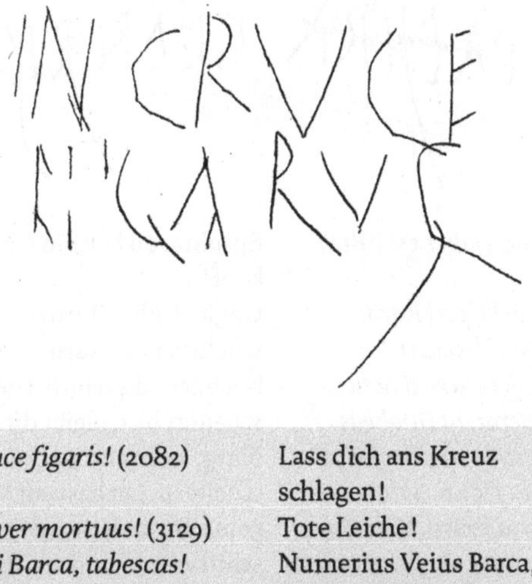

In cruce figaris! (2082)	Lass dich ans Kreuz schlagen!
Cadaver mortuus! (3129)	Tote Leiche!
N. Vei Barca, tabescas! (8422)	Numerius Veius Barca, verfaulen sollst du!
Samius Cornelio: suspend(e)re! (1864)	Samius an Cornelius: Häng dich doch auf!

Chie, opto tibi, ut refricent se ficus tuae, ut peius ustulentur quam ustulatae sunt! (1820)	Chius, ich wünsch dir, dass deine Warzen wieder aufplatzen und dass sie schlimmer brennen, als sie je gebrannt haben!
Aegrota, aegrota, aegrota! (4507)	Werd krank, werd krank, werd krank!
Macro male eveniat! Macro male eveniat! (10243)	Dem Macer soll's schlecht ergehen! Schlecht ergehen soll's dem Macer!

Epaphra, glaber es! (1816)	Epaphra, du bist ein Glatzkopf!
Raro infeliciter! Raro infeliciter! (10243)	Unglück über Rarus! Unglück über Rarus!
(Cum) de(d)uxisti octies, tibi superat, ut (h)abeas sedecies. Coponium fecisti. Cretaria fecisti. Salsamentaria fecisti. Pistorium fecisti. Agricola fuisti.	Nachdem du achtmal gescheitert bist, bleibt dir übrig, sechzehnmal zu scheitern. Du hast auf Wirt gemacht, du hast auf Geschirrverkäufer gemacht, du hast auf Wurstwaren gemacht, du hast auf Bäcker gemacht. Du bist

Acre munutaria fecisti. Propola fuisti. Laguncularia nunc facis. Si cunnu(m) linxseeris, consummaris omnia. (10150)	Bauer gewesen. Du hast Kleinbronzen verhökert und bist Trödler gewesen. Jetzt stellst du kleine Flaschen her. Wenn du Fotzenlecker wirst, hast du beruflich alles erreicht.

Omnes lusero. Sum Max(imus). (9008)	Ich werde alle zum Narren halten. Ich bin Maximus, der Größte.
Avete, utres sumus. (In einer Kneipe; 8492)	Hallo, wir sind (voll wie) die Schläuche.
Marthae hoc est triclinium, nam in triclinio cacat. (In einer Kneipe; 5244)	Dies hier ist Marthas Speisezimmer; denn sie kackt im Speisezimmer.

CARMINA PRIAPEA

Obszöne Hardcore-Poesie

Priapismus? Das hört sich nach einer Krankheit an. Und es ist auch eine, wenngleich medizinische Laien mit dem Begriff meist wenig anfangen können – und Mediziner keineswegs immer wissen, woher diese Bezeichnung kommt. Der Namenspate ist der Gott Priapus, der, aus Holz geschnitzt, als Wächter in römischen Gärten aufgestellt war. Sein ›Markenzeichen‹ war ein erigierter Penis, ein gewaltiges, rot bemaltes Glied – ganz unverhältnismäßig zum sonstigen Körperbau des Gottes, aber deshalb auch mit enormem Drohpotential. Die Drohung des ithyphallischen Wächters – so der vornehme griechischstämmige Begriff für seine schamlose Erscheinung – bestand darin, alle, die unrechtmäßig in seinen Garten zum Stehlen eindrangen, ihn sozusagen penetrierten, seinerseits mit einer sexuellen Penetration zu bestrafen. Priapus deutete das nicht nur mit dem *digitus impudicus* an, dem »unzüchtig ausgestreckten Mittelfinger« als Stellvertreter für ein nicht ausgesprochenes *fuck you*, sondern er zeigte – stets von Kleidung unverhüllt – eben den Körperteil, mit dem er die Penetration des ›schuldigen‹ Diebes vollziehen werde. Und da dieser Körperteil dauerhaft erigiert war, sprechen die Mediziner heute bei einer dauerhaften, ungewollten Erektion von Priapismus. Das ist im Übrigen eine erektile Dysfunktion, die nicht ungefährlich und rasch behandlungsbedürftig ist.

Priapus-Statuen waren auffällig, und sie waren obszön. Kein Wunder, dass sie vielfach Gegenstand anzüglicher Bemerkungen und intensiven Spotts waren. So wurden sie auch zum Thema der Literatur. Seitdem Priapus im 1. Jh. v. Chr. in Rom populär geworden war, bemühten sich Dichter um einen ›Zugang‹ zu ihm. So nahm sich zum Beispiel Martial in seinen freizügigen Spott-Epigrammen dieser ungewöhnlichen Gottheit an. Möglicherweise von diesem viel gelesenen Dichter inspiriert, widmete ein Anonymus dem ›geilen‹ Gartengott im 2. Jh. ein ganzes Buch mit 80 Gedichten und einem Umfang von insgesamt knapp

Der Gott Priapus auf einer Wand in Pompeji.

600 Versen. Das dominante Motiv ist dabei das der Bestrafung: Priapus droht allen, die Früchte aus dem von ihm beschützten Garten entwenden wollen, eine anale oder orale Penetration an. Dabei verschweigt er nicht, dass er selbst an dieser Bestrafung Gefallen findet – und ärgerlicherweise sogar der eine oder andere Dieb nur dieser Strafe wegen in den Garten eindringt:

Nr. 22

Femina si furtum faciet mihi virve puerve,
haec cunnum, caput hic praebeat, ille nates.

Wenn eine Frau hier bei mir einen Diebstahl begeht oder ein Mann oder ein Knabe, / so soll sie ihre Fotze hinhalten, er seinen Kopf und der Junge seine Hinterbacken.

Nr. 28

Tu, qui non bene cogitas et aegre
carpendo tibi temperas ab horto,
pedicabere fascino pedali.
Quod si tam gravis et molesta poena
non profecerit, altiora tangam.

Du, der du nichts Gutes im Schilde führst und dich / kaum zurückhalten kannst, aus dem Garten etwas zu pflücken, / du wirst von meinem fußlangen Ding arschgefickt werden. / Wenn diese so schwere und unangenehme Strafe nichts nützt, / werde ich mich an Höheres[1] heranmachen.

Nr. 49

Tu, quicumque vides circa tectoria nostra
non nimium casti carmina plena ioci,
versibus obscaenis offendi desine: non est
mentula subducti nostra supercilii.

Du, der du ringsum auf den Mauern meines Gärtchens / Gedichte siehst, die von nicht allzu keuschem Witz voll sind, / hör auf, an den unanständigen Versen Anstoß zu nehmen. / Mein Schwanz passt nicht zu hochgezogenen Augenbrauen.

Nr. 56

Derides quoque, fur, et impudicum
ostendis digitum mihi minanti?
Heu heu me miserum – quid ista lignum est,
quae me terribilem facit videri?
Mandabo domino tamen salaci,
ut pro me velit irrumare fures.

Du spottest auch noch, Dieb, und zeigst mir, / der ich dir drohe, den Stinkefinger? / O weh, ich Armer – warum ist der nur aus Holz, / der mich Schrecken verbreitend aussehen lässt? / Ich werde dich aber an meinen geilen

Herrn weitergeben, / dass er dich an meiner statt in den Mund ficken will.

Man hat manchmal den Eindruck, als leide der Verfasser der *Carmina Priapea* an einer Art von literarischem Priapismus: Er berauscht sich geradezu daran, wie sein Priap ziemlich monothematisch nur darauf sinnt, sein ›Ding‹ jemandem in den Hintern oder in den Mund zu schieben. Das stellt sich allerdings im Laufe des poetischen ›Lebensromans‹ immer mehr als Wunschdenken heraus. Denn zum einen muss Priap sich eingestehen, dass ein Holz-Penis in Wirklichkeit nicht das Schrecken erregende Bedrohungsszenario darstellt, das von seiner Darstellung in Bild und Wort auszugehen scheint, und zum anderen stellt auch sein zunehmendes Alter seine vollmundigen Drohungen infrage. Der scheinbar hyperpotente Priapus leidet so an unterschiedlichen ›Erscheinungsformen‹ von Impotenz.

Das hindert ihn freilich nicht, sich wortgewaltig und mit drastischem Vokabular in Sex-Phantasien zu ergehen. Verbalerotiker machen ja nicht selten aus ihrer sexuellen Not eine rhetorische Tugend. Dementsprechend ist die Sprache des Priapus nicht nur aggressiv, sondern auch mit Vulgarismen durchsetzt. Er nennt die Dinge beim Namen, und zwar bei dem im Alltag verwendeten, und vielleicht ist der Verfasser der *Carmina Priapea* auch deshalb namentlich nicht bekannt, weil er anonym bleiben *wollte*. Das hätte er dann gemeinsam mit manchen Nachfolgern, die sich seit der Renaissance an Priapea versucht und dabei auch vorsichtshalber ihren wirklichen Namen verschwiegen haben. Tatsächlich sind die *Carmina Priapea* so ziemlich das Obszönste, das in lateinischer Sprache aus der Antike überliefert ist – wobei die lateinische Literatur anders, als viele es der ›Klassik‹ zutrauen, an Obszönitäten keinen Mangel hat. Der literarische Reiz ergibt sich aus vielen Bezügen zu ›klassischen‹ Werken der antiken Literatur und manchen gelehrten, voraussetzungsreichen Anspielungen und einer Bipolarität, die ein breites Spektrum zwischen Gossensprache und kunstvoller, metrisch gebundener Poesie umfasst. Oft wurde versucht, die *dirty words* mit ›zivilisierten‹ Begriffen zu umschreiben, doch dies führt, was das Sprachregister angeht, schlicht in die Irre.

Wer an diesen »unsauberen Thorheiten« – so Lessing – Anstoß nimmt, sollte bedenken, dass zumindest der Olympier der deutschen Literatur das ganz anders gesehen hat und sich von den *Priapeen* durchaus hat inspirieren lassen: Goethe hat sie sich unter anderem in einigen seiner *Römischen Elegien* und seiner *Venezianischen Epigramme* zum Vorbild genommen, er hat – auf Latein! – Erläuterungen zu den *Priapea* geschrieben, und er besaß eine reiche Sammlung von bildlichen Darstellungen des Priap auf Bronzen, Gemmen und anderen kunstgewerblichen Arbeiten. Dass seine *Priapea* erst 1914 der Öffentlichkeit zugänglich gemacht wurden, sagt einiges über die Vorbehalte aus, auf die auch und gerade die lateinischen *Carmina Priapea* als eine bestimmte Ausprägung von ›Extremlatein‹ bis in die Neuzeit gestoßen sind.

ANMERKUNGEN

Eine lateinische Schimpfwortkunde

1 Ph. Dubreuil, *Le marché aux injures à Rome*, Paris 2013, S. 41.
2 I. Opelt, *Die lateinischen Schimpfwörter und verwandte sprachliche Erscheinungen*, Heidelberg 1965.
3 Cicero, *De natura deorum* I 93.
4 Plautus, *Pseudolus* 357 ff.
5 Plautus, *Persa* 406 ff.
6 Ph. Dubreuil, *Le marché aux injures à Rome*, Paris 2013, S. 157.
7 Ph. Dubreuil, *Le marché aux injures à Rome*, Paris 2013, S. 159.
8 Cicero, *De officiis* I 128.
9 Isidor, *Origines* X 163.
10 Plautus, *Stichus* 64.
11 Catull, *Carmina* 36,1 und 20.
12 Apuleius, *Metamorphoses* VIII 25, 3.
13 Cicero, *In Verrem* II 1, 3, 9.
14 Vgl. Kapitel 5.

Hatespeech in der Politik

1 Cicero, *De oratore* II 178.
2 W. Stroh, *Die Macht der Rede. Eine kleine Geschichte der Rhetorik im alten Griechenland und Rom*, Berlin 2009, S. 330.
3 Cicero, *In L. Pisonem* I 1; 13; 18; 19; 22 f.; 24; 38; 45 f.; 56; 62; 64 f.; 67; 96; 99.
4 Cicero, *Orationes Philippicae* II 4; 9; 18 ff.; 30; 44–46; 63.
5 Cicero, *Epistulae ad Atticum* XV 13, 1; XVI 11, 1.
6 §§ 1–7.
7 §§ 1; 9; 13; 15; 18 f.; 21 f.

Namen, die bezeichnen und zeichnen

1 Livius, *Ab urbe condita* I 56, 8.
2 Plutarch, *Cicero* 1, 3.
3 Cicero, *In Verrem* I 57; II 4, 57; II 2, 18 f.
4 Cicero, *Orationes Philippicae* III 16.
5 Cicero, *De inventione* II 28.
6 Cicero, *De oratore* II 247; 257.
7 Quintilian, *Institutio oratoria* VI 3, 56.
8 Cicero, *De oratore* II 239.
9 Quintilian, *Institutio oratoria* I 4, 2.

Aus der Welt der Fluchtafeln

1 Pseudo-Vergil, *Dirae* 15 f.; 42 f.; 50 f.; 67 f.; 72.
2 A. Kropp, *Defixiones. Ein aktuelles Corpus lateinischer Fluchtafeln*, Speyer 2008.
3 Stumme Göttinnen des Schweigens.
4 Angesprochen wird der Gott des Handels: Merkur.
5 Im Lateinischen steht allerdings der Akkusativ.
6 Angesprochen wird die Göttin Sul.
7 Statt »Hehler« ebenfalls denkbar: »einer, der Schmiere gestanden hat«.
8 Insgesamt gibt es vier *tabulae defixionum*, in denen Porcellus verflucht wird.

Warnung vor Wildpinkeln und Schlimmerem

1 *Corpus Inscriptionum Latinarum* IV 5438; 7714; 7715.
2 *Corpus Inscriptionum Latinarum* IV 3782.
3 *Corpus Inscriptionum Latinarum* IV 4586.
4 *Corpus Inscriptionum Latinarum* IV 7716.
5 *Corpus Inscriptionum Latinarum* IV 6641.
6 *Corpus Inscriptionum Latinarum* III 1966.
7 *Corpus Inscriptionum Latinarum* VI 13740.
8 *Corpus Inscriptionum Latinarum* VI 29848b.
9 *Corpus Inscriptionum Latinarum* VI 3413.

10 *Corpus Inscriptionum Latinarum* VI 2357.
11 *Nam*, »denn«, ist mit Sicherheit eine Verschreibung; gemeint ist *nec*, »und nicht«.
12 *Corpus Inscriptionum Latinarum* IV 8899.
13 Petron, *Satyrica* 71,8.
14 *Corpus Inscriptionum Latinarum* IV 10619.
15 A. Varone, »Newly discovered and corrected readings of iscrizioni privatissimae«, in: R. Benefiel und P. Keegan (Hrsg.), *Inscriptions in the Private Sphere in the Greco-Roman World*, Leiden 2016, S. 115.
16 *Corpus Inscriptionum Latinarum* IV 495.

Philosophische Latrinenparolen

1 R. Neudecker, *Die Pracht der Latrine*, München 1994, S. 35.

Schleudergeschosse als psychologische Kriegsführung

1 Die Nummern beziehen sich auf die Ausgabe V. Benedetti, *Glandes Perusinae. Revisione e aggiornamenti*, Rom 2012.
2 Sueton, *Augustus* 15.

Das lateinische F***-Wort und weiteres sexuelles Vokabular

1 Cicero, *Epistulae ad familiares* IX 22.
2 Sallust, *De coniuratione Catilinae* 12, 2.
3 Sueton, *Vita Horatii* 2.
4 Augustinus, *De dialectica* 7.
5 *Carmina Priapea* 29, 5.
6 J. N. Adams, *The Latin Sexual Vocabulary*, Baltimore 1982, S. 77.
7 *Corpus Inscriptionum Latinarum* IV 1655; 4876.
8 Petron, *Satyrica* 8.
9 Juvenal, *Saturae* VI 37.
10 Pseudo-Sallust, *Epistulae ad Caesarem* II 9, 2; vgl. Cicero, *Orationes Philippicae* II 47.
11 Petron, *Satyrica* 44, 14.

12 Cicero, *Orator* 154.
13 J. N. Adams, *The Latin Sexual Vocabulary*, Baltimore 1982, S. 81.
14 Horaz, *Saturae* I 2, 36; vgl. I 3, 107.
15 Martial, *Epigrammata* X 90, 8.
16 *Carmina Priapea* 68, 9 f.
17 Martial, *Epigrammata* VI 26, 3; XI 25.
18 Martial, *Epigrammata* XI 50, 12; Ovid, *Heroides* XV 133.
19 Varro, *De re rustica* II 4, 10; Martial, *Epigrammata* XIII 56.
20 Plautus, *Menaechmi* 403.
21 J. N. Adams, *The Latin Sexual Vocabulary*, Baltimore 1982, S. 94.
22 Plautus, *Pseudolus* 1180 f.
23 Martial, *Epigrammata* XI 22, 4; 61, 10.
24 *Corpus Inscriptionum Latinarum* IV 4196.
25 Martial, *Epigrammata* VII 18, 5.
26 J. N. Adams, *The Latin Sexual Vocabulary*, Baltimore 1982, S. 151.
27 Ovid, *Ars amatoria* II 727; Lukrez, *De rerum natura* IV 1196.
28 Horaz, *Saturae* I 2, 44; II 7, 52.
29 Catull, *Carmina* 67, 30.
30 Catull, *Carmina* 16, 1 und 14.
31 Catull, *Carmina* 97, 12; 98, 4.
32 Zum Beispiel *Corpus Inscriptionum Latinarum* IV 4954.
33 *Corpus Inscriptionum Latinarum* IV 2273.
34 *Corpus Inscriptionum Latinarum* IV 5408.
35 Martial, *Epigrammata* IX 41, 1 f.
36 Ovid, *Ars amatoria* II 706.

Graffiti auf pompejanischen Wänden

1 *Corpus Inscriptionum Latinarum* IV 1904; 2487; 2461 (dort steht allerdings nur der erste Vers).
2 Plinius, *Epistulae* VIII 8, 7.
3 F. Opdenhoff, *Die Stadt als beschriebener Raum*, Berlin 2021, S. 142.

Obszöne Hardcore-Poesie

1 Das heißt: an den Mund.

REGISTER DER LATEINISCHEN AUTOREN